OEUVRES

D'ARCHITECTURE.

4327

2114

OEUVRES

D'ARCHITECTURE

DE A. F. PEYRE,

Architecte, membre de l'Institut, de l'Académie Royale des Beaux-Arts, Chevalier
des ordres royaux de Saint-Michel et de la Légion d'Honneur.

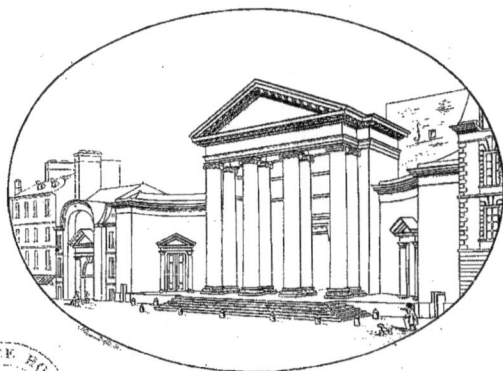

A PARIS,

CHEZ L'AUTEUR, RUE DES SAINTS-PÈRES, N° 38.

DE L'IMPRIMERIE DE FIRMIN DIDOT, RUE JACOB, N° 24.

M. DCCCXVIII.

AVERTISSEMENT.

J<small>E</small> me suis déterminé à publier mes OEuvres d'Architecture sur les instances réitérées de mes Amis et de mes Élèves, qui m'ont persuadé que cet ouvrage servirait aux progrès de l'art, et pourrait être utile à ceux qui l'étudient; en effet, la majeure partie de ces compositions ayant présenté de grandes difficultés à vaincre, soit à raison de l'irrégularité des terrains, soit parce qu'il fallait raccorder les édifices nouveaux avec des constructions anciennes, ou des bâtiments commencés sur des plans mal conçus, ces entraves donnent peut-être aux projets un plus haut degré d'utilité, et même plus d'intérêt que si l'artiste avait pu s'étendre à volonté, et donner un libre essor à son imagination.

Ce volume composé de quatre-vingts planches, contiendra environ cent vingt dessins de plans et d'élévations. Une grande partie de ces dessins sont ombrés. Je donne d'abord les projets faits pour Versailles, demandés au concours par le Roi, en 1780, à un nombre d'architectes que Sa Majesté avait désignés, et quatorze autres projets de tous genres, dont l'exécution a eu lieu, ou qui ont été composés pour être exécutés. J'ai divisé ce volume en quatre parties et en onze articles.

L'explication des projets est à la tête de chacun des articles.

TABLE DES CHAPITRES.

OEUVRES D'ARCHITECTURE.

PREMIÈRE PARTIE.

ARTICLE PREMIER.

Projets pour le château de Versailles, faits au concours ordonné par le Roi, en 1780.

LE Roi ordonna, en 1780, qu'il fût fait, au concours, par plusieurs architectes que Sa Majesté désigna, des projets pour une nouvelle entrée du château de Versailles; la seule condition imposée fut *que l'appartement du Roi serait du côté des avenues de Paris.* Je fis deux projets : dans l'un, je me soumis à cette condition; et, dans l'autre, je me livrai à mon imagination : je projetai de construire des ailes sur les terrasses du nord et du midi, dans lesquelles eussent été, d'un côté, les appartements du Roi, et, de l'autre, ceux de la Reine. La Cour eût eu la libre et entière circulation des grands appartements pour arriver à ceux de Leurs Majestés. Je proposais, dans ce projet, de placer les appartements du Roi et de la Reine aux extrémités de la galerie de Louis XIV, et de pratiquer, au plain-pied de la terrasse, des appartements ordinaires, qui eussent eu leur entrée par la cour des Princes et par celle des Ambassadeurs où l'on serait descendu, des grands appartements, par des escaliers commodes; et qui se seraient réunis au moyen d'une galerie pratiquée sous la grande galerie.

Dans l'autre projet, je plaçai les appartements du Roi et de la Reine du côté de l'arrivée, et fis entrer dans le château par l'extrémité des ailes; pour arriver aux appartements de Leurs Majestés on eût traversé les grands appartements, par la galerie de Louis XIV et par une galerie neuve, qui eût remplacé l'œil-de-bœuf, d'où l'on serait entré, d'un côté, dans la salle du trône, et, de l'autre, dans la salle de festin. J'ai disposé l'architecture de ces trois pièces, de manière qu'elle forme, avec la peinture et la sculpture, un ensemble dans

3

lequel il règne un tel accord, que, si l'on changeait un tableau ou une statue, on serait obligé de remplacer l'un de ces objets par un autre de même proportion et de même forme.

J'ai donné treize planches pour le développement de ces deux projets ; les quatre premiers sont :

Le plan en masse du château de Versailles , tel qu'il était sous Louis XIII ;

Celui de ce château, tel qu'il était à la fin du règne de Louis XIV ;

Et les plans, également en masse, de mes deux projets.

J'offre ensuite la perspective de l'avant-cour et de la façade du château, suivant le premier projet; et, sur la même planche, la coupe géométrale de l'avant-cour, prise sur l'hôtel des Ministres et sur le grand commun, avec la façade du second projet. Ces dessins sont suivis des plans développés du premier projet; le premier plan est celui du plain-pied des cours et du rez-de-chaussée du château ; le deuxième, celui du bel étage et la distribution de tout le corps du château. Le dessin suivant présente deux coupes ; l'une est prise sur le grand vestibule et sur les escaliers des Princes et des Ambassadeurs ; l'autre sur la cour royale.

Les dessins suivants dépendent du second projet : le premier est le plan du rez-de-chaussée du corps du château avec la naissance des colonnades du pourtour de l'avant-cour ; le second est le plan du premier étage ; le troisième présente le plan et la coupe de la nouvelle galerie, ou œil-de-bœuf, avec celle de la galerie de Louis XIV, de la salle des Suisses de la chambre, de celle des huissiers du cabinet, et le grand cabinet du Roi. On voit, au milieu de cette galerie, le trône qui est au fond de la salle dite du trône.

La planche suivante se compose des développements de la construction, sur une plus grande échelle, des plans et coupes des bâtiments du centre , de la nouvelle galerie de la salle du trône, de celle des festins, et des cours intérieures.

La dernière planche offre le plan des combles de cette partie, avec les détails de la construction de ces combles , et le système pour l'écoulement des eaux.

VERSAILLES SOUS LOUIS XIII.

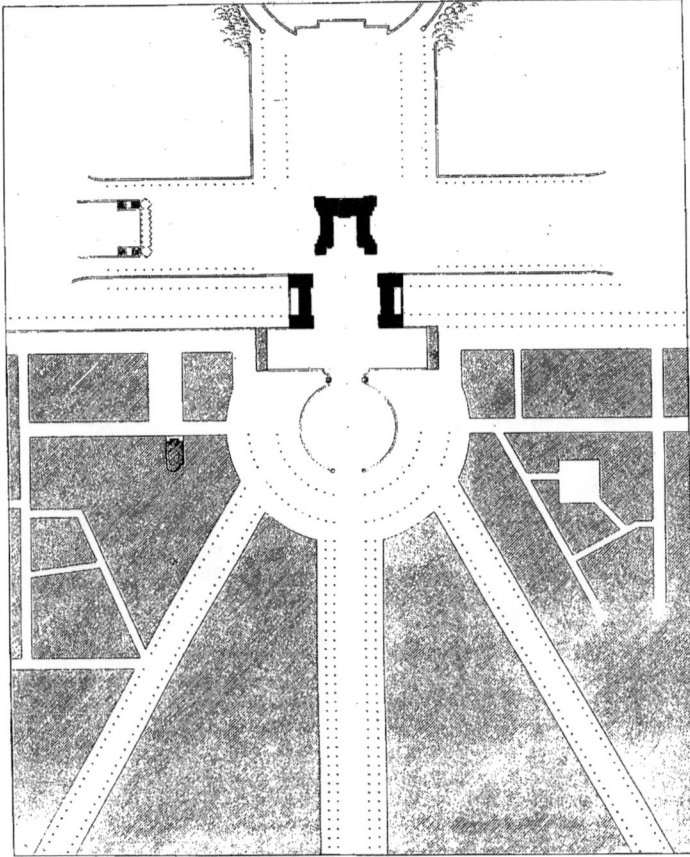

5o T

VERSAILLES SOUS LOUIS XIV.

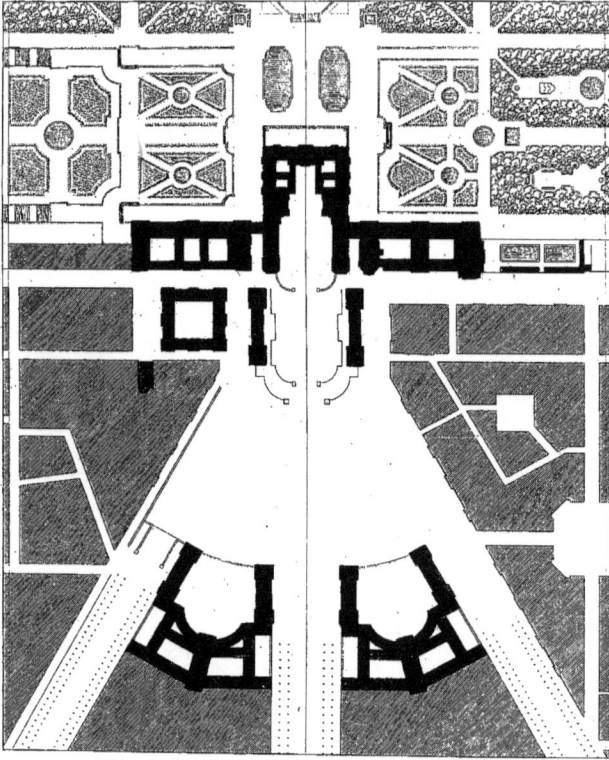

50 T

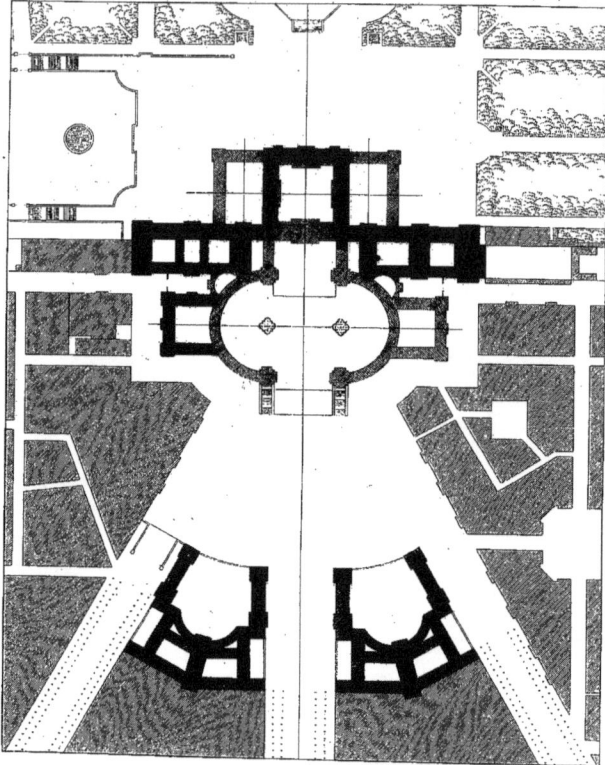

PROJET DEMANDÉ PAR LOUIS XVI.

⊢—⊢—⊢—⊢—⊢—⊢—⊢—⊢ 1 *5o T.*

Pl. 5

CHATEAU DE VERSAILLES

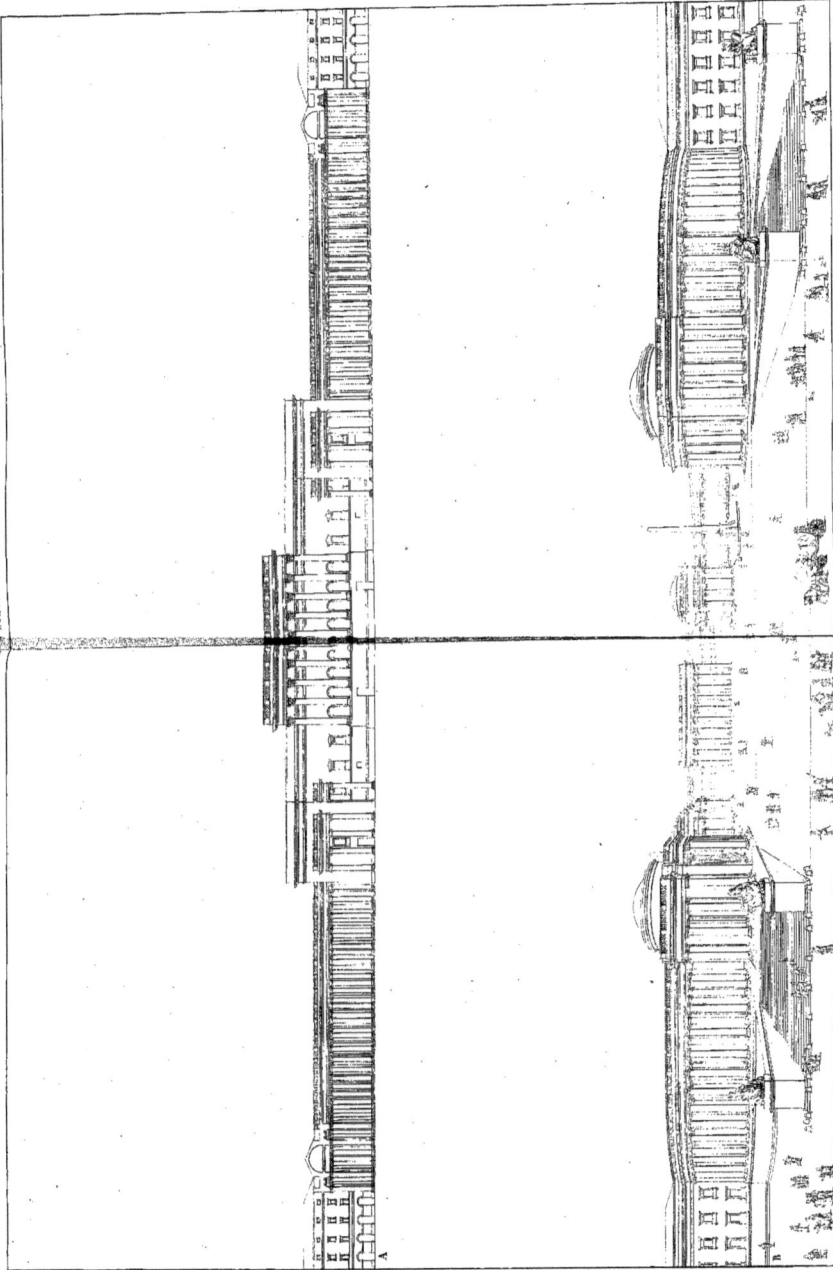

A. 1.er Projet vu sur la cour de l'avant-cour.
B. Perspective du 2.e Projet vu de la Place-d'armes.

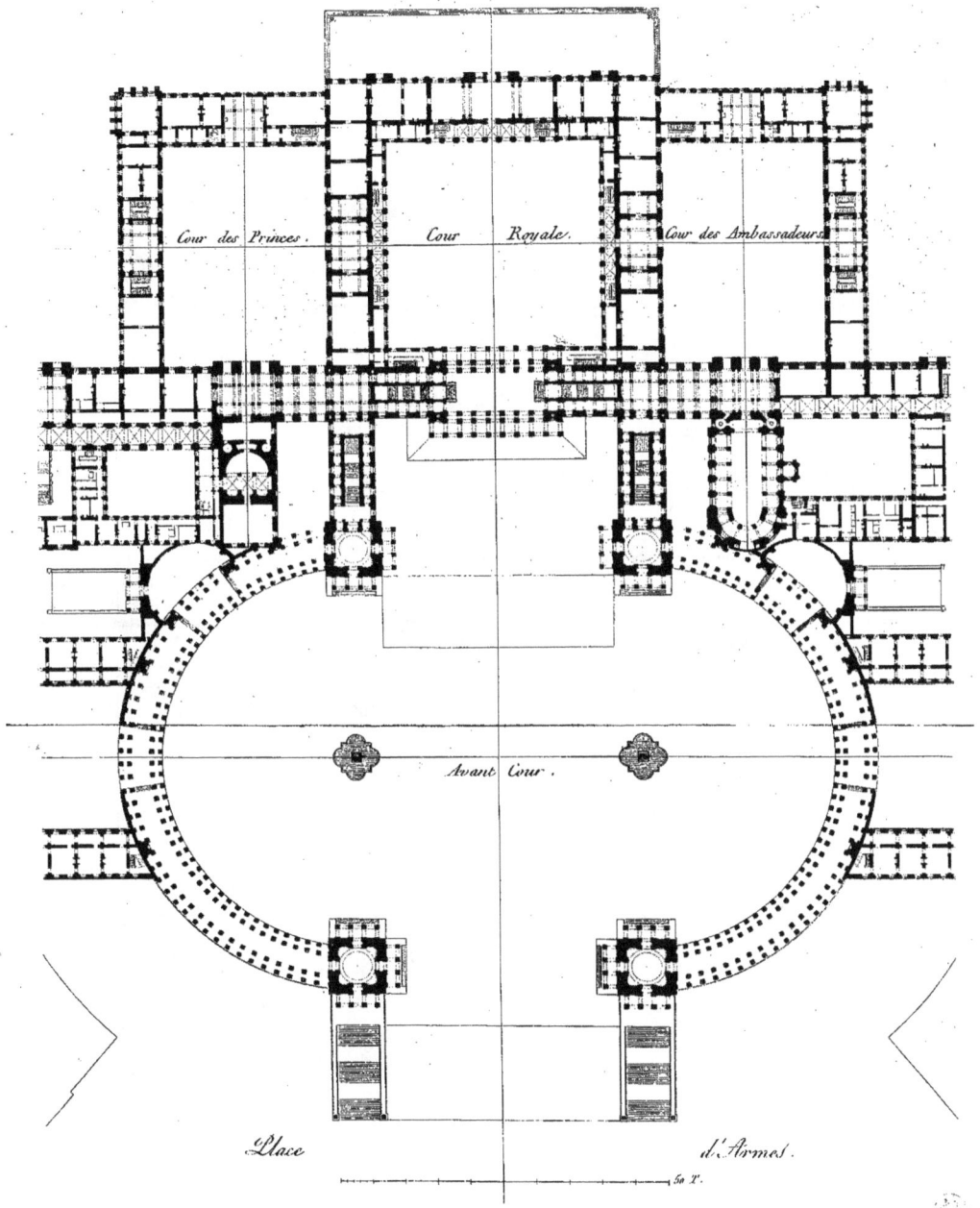

Cour des Princes.   Cour   Royale.   Cour des Ambassadeurs.

Avant Cour.

Place   d'Armes.

50.^m

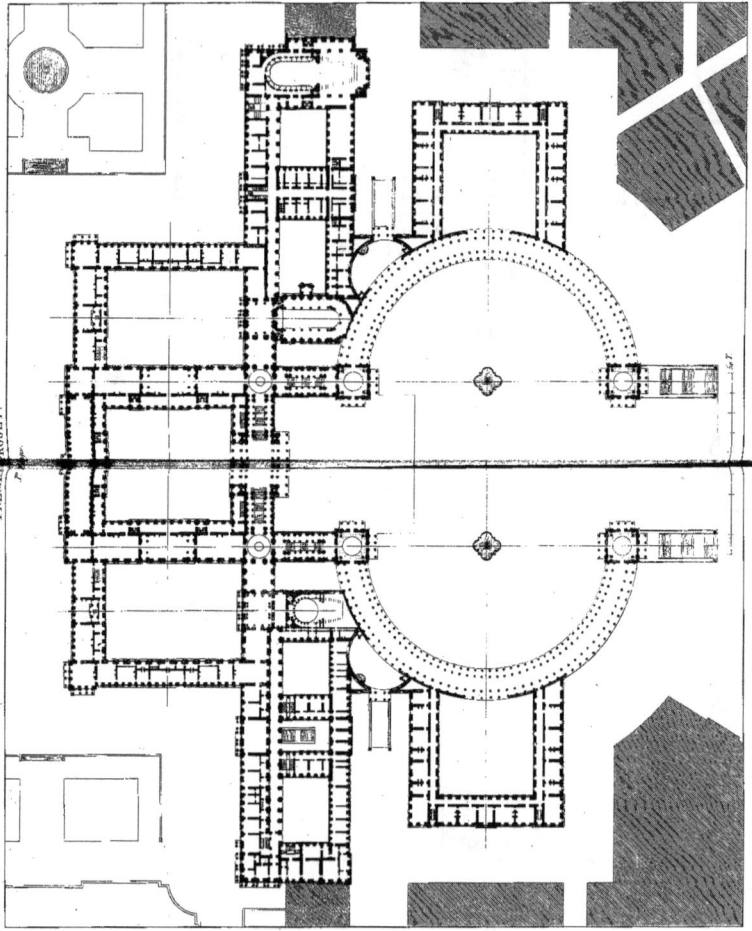

Coupe prise se les Escaliers.

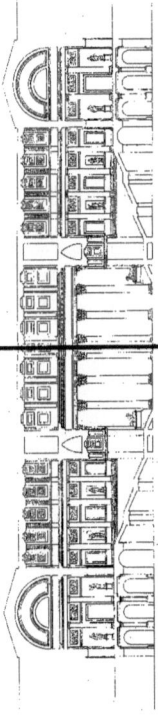

Coupe prise sur la cour Royale.

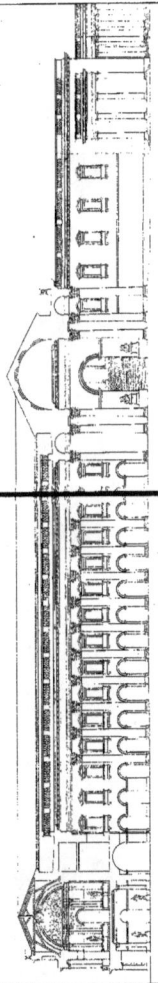

SECOND PROJET.

Rez-de-Chaussée.

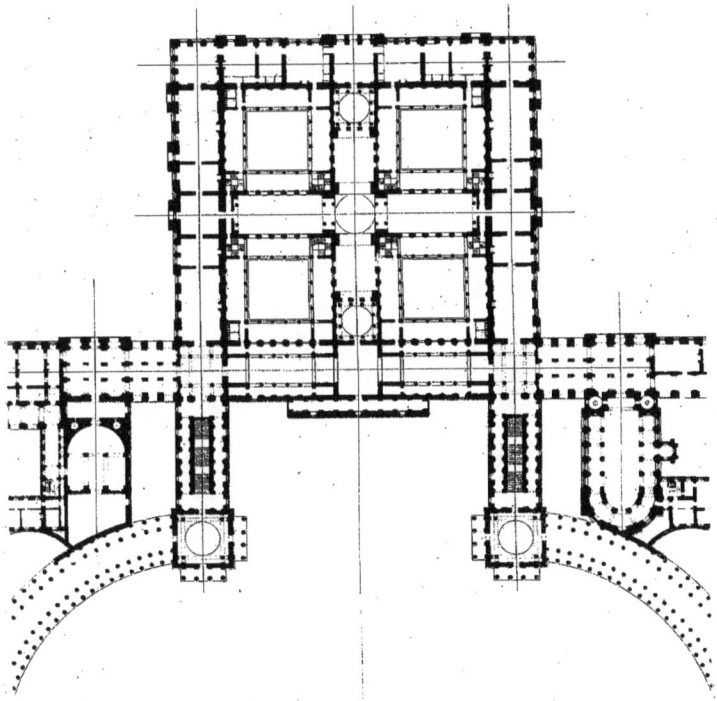

50 T.

SECOND PROJET.

1.er Étage.

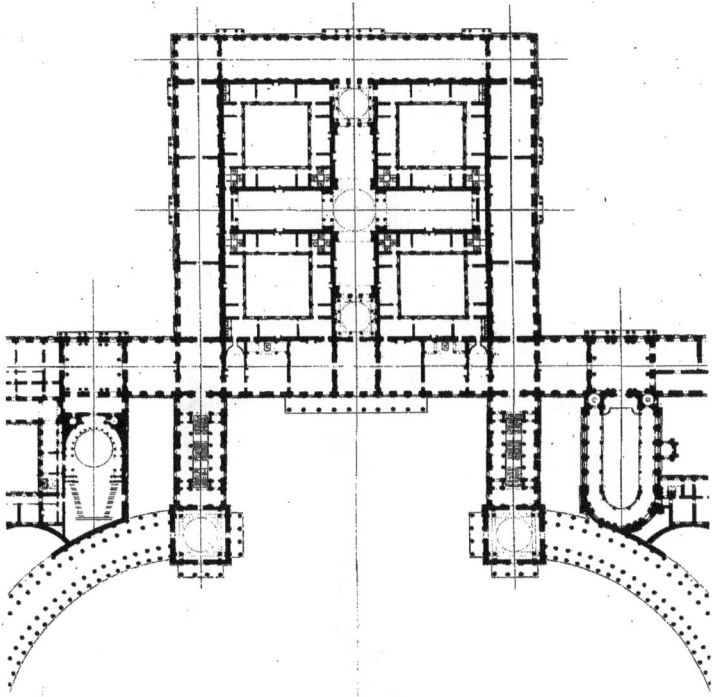

50 T.

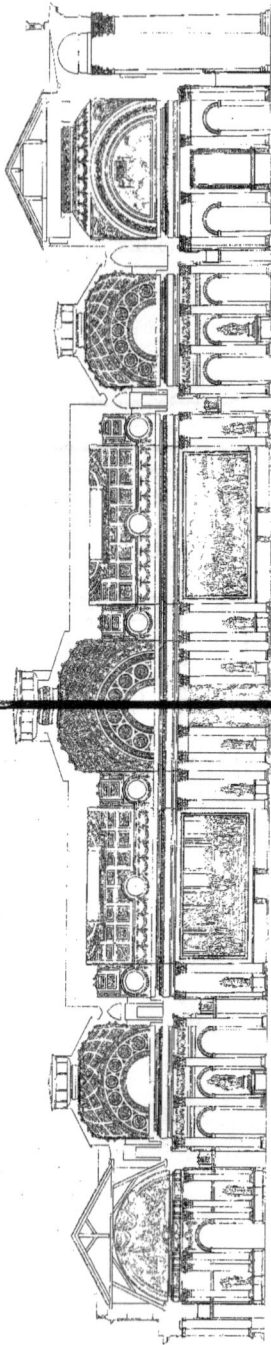

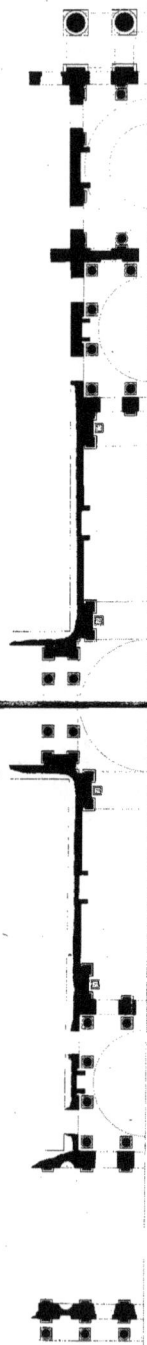

COUPE PRISE SUR LA NOUVELLE GALERIE.

Pl. 1.er

Coupe sur la ligne c.d. du plan.

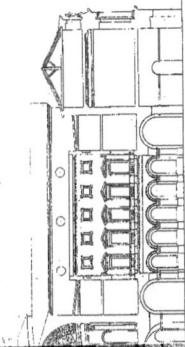

Coupe sur la ligne a.b. du plan.

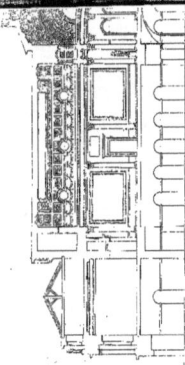

Plan du Rez-de-Chaussée.

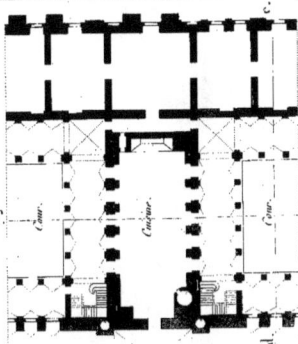

Plan des Grands appartements.

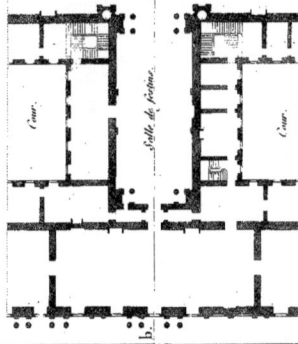

Cour.

Cour.

Cour.

Cour.

Cour.

Salle de séance.

Cour

Cour

Combles

1

2

3

4

Cour

Cour

Coupe de la Terrasse.

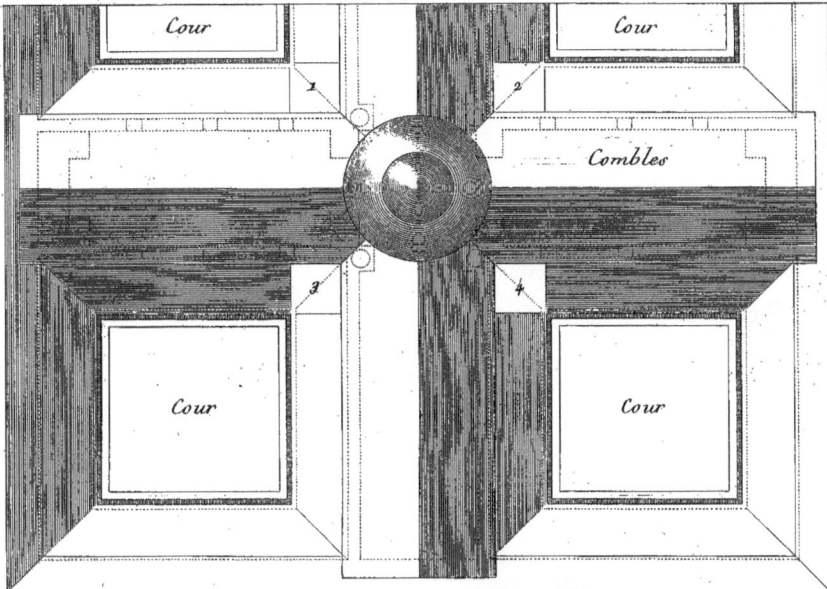

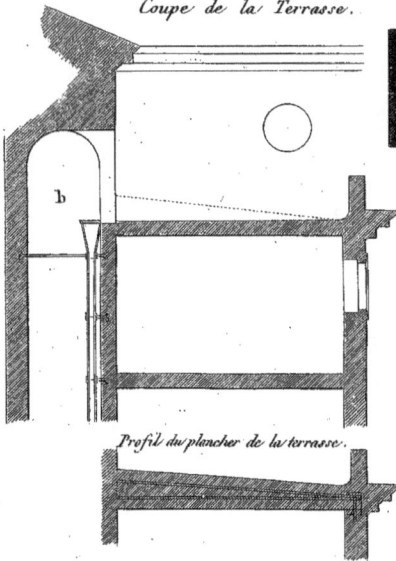

Plan des terrasses 1, 2, 3, 4, qui reçoivent les Eaux des Combles.

a

b

a. Plan de la descente des eaux.

b. Profil de la descente des eaux.

Profil du plancher de la terrasse.

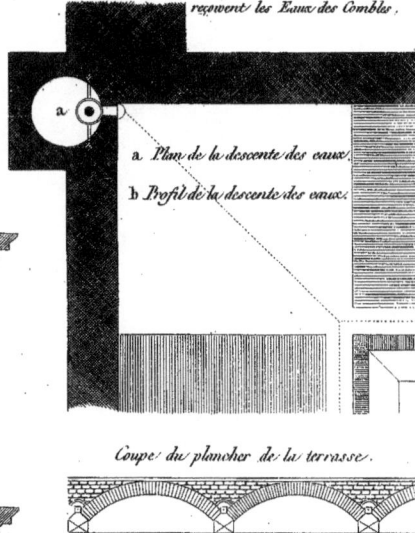

Coupe du plancher de la terrasse.

Échelle des Combles.   20 T.

Échelle des détails.   5 T.

ARTICLE II.

Projet d'agrandissement de la Bibliothèque du Roi, rue de Richelieu.

La Bibliothèque du Roi, qui est exposée chaque jour à devenir la proie des flammes par le vice de ses bâtiments, a excité, dans tous les temps, la sollicitude du Gouvernement. J'ai fait, il y a quinze ans, un rapport à l'Institut sur les dangers auxquels cet édifice est exposé. (Voyez tome IV des travaux de la classe de littérature et beaux-arts, page 101.)

On projeta, sous le règne de Louis XV, de placer la Bibliothèque du Roi dans le Louvre; ce projet a été renouvelé il y a peu d'années. J'ai proposé, en 1801, de construire un bâtiment pour placer la Bibliothèque sur les fondations de la Madeleine de la Ville-l'Évêque; ce projet, qui a été publié dans les Mémoires des travaux de la classe de littérature et beaux-arts de l'Institut, tome IV, p. 402, fera partie de l'ouvrage que je publie.

L'emplacement de la Bibliothèque du Roi, rue de Richelieu, et les bâtiments qui en dépendent, offrent les moyens de prolonger les galeries des livres jusqu'à la rue neuve des Petits-Champs, et la facilité, par l'étendue de ce terrain, de construire les nouveaux bâtiments en conservant la Bibliothèque dans les anciens, enfin de réparer cette partie lorsque l'on pourrait faire usage des constructions nouvelles. Ces bâtiments seraient construits de manière à ce que ce précieux monument fût préservé des risques auxquels il est exposé journellement.

J'ai étudié ces projets avec le même soin que s'ils devaient être exécutés, et je me suis rendu compte des moindres détails de construction. Je donne sept dessins : le plan, en masse, des bâtiments de la Bibliothèque, de ceux de la trésorerie, des maisons adossées à la Bibliothèque, qui ont leur entrée par la rue Vivienne, et les maisons de la rue de Colbert. J'offre ensuite le plan du rez-de-chaussée, du projet d'agrandissement, celui du premier étage dont toutes les salles seraient voûtées ; le plan des combles couverts en dalles de pierre formant caniveau, dont les joints seraient recouverts de petits canaux en pierre, comme les terrasses qui couvrent les voûtes de Notre-Dame de Paris, dont la construction remonte à six cents ans.

On voit sur une même planche, les dessins de la façade de la Bibliothèque, sur la rue de Richelieu, et une coupe prise sur la grande cour, sur les escaliers, les vestibules, et la largeur des salles. Les deux derniers dessins présentent quelques détails de construction. J'ai désigné, sur le plan général, les maisons de la rue de Colbert qui dépendent de la Bibliothèque du Roi, et des maisons particulières qu'il conviendrait d'acquérir pour loger les Bibliothécaires ; l'on eût fermé la rue de Colbert à l'extrémité des bâtiments de la Bibliothèque, ce qui aurait procuré une grande cour à toutes les maisons dépendantes de cet établissement.

Pl. II

Plan du rez-de-chaussée.

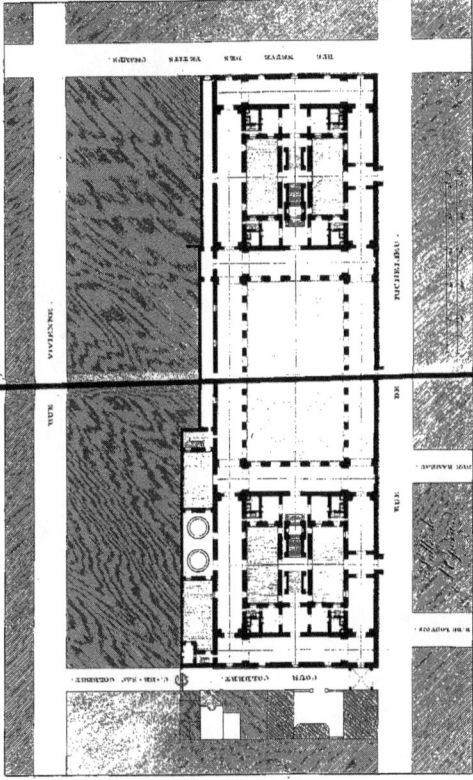

Projet d'Agrandissement de la Bibliothèque du Roi.

RUE VIVIENNE

RUE DE RICHELIEU

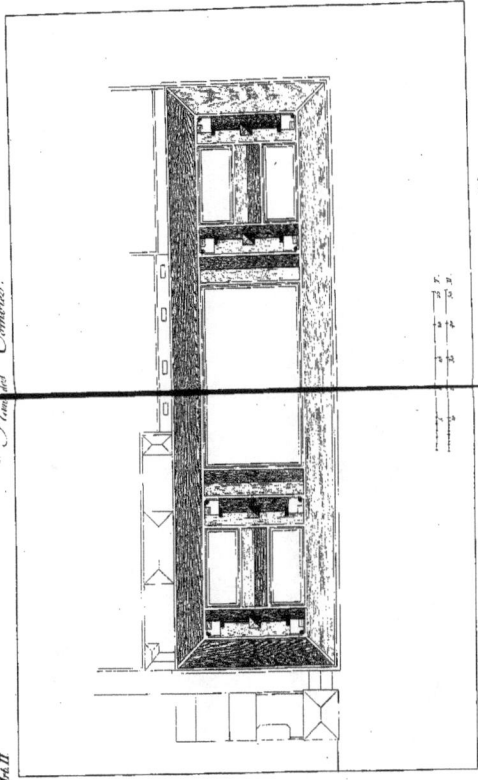

Plan des Combles.

Pl. II

Projet d'Agrandissement de la Bibliothèque du Roi.

PROJET D'AGRANDISSEMENT DE LA BIBLIOTHÈQUE DU ROI.

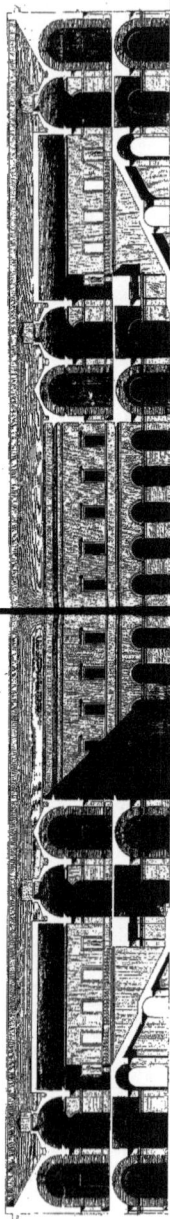

Art. II.

Plan d'une des extrémités du Bâtiment avec le développement des voûtes. 19

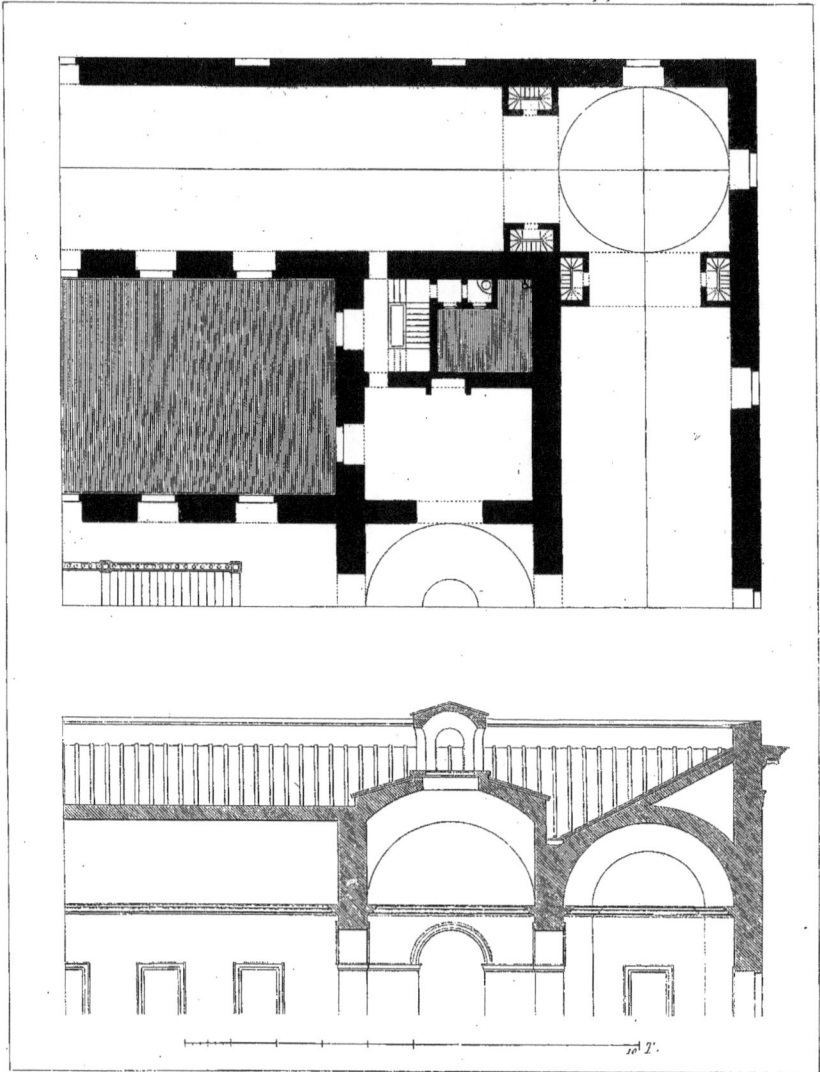

10 2'.

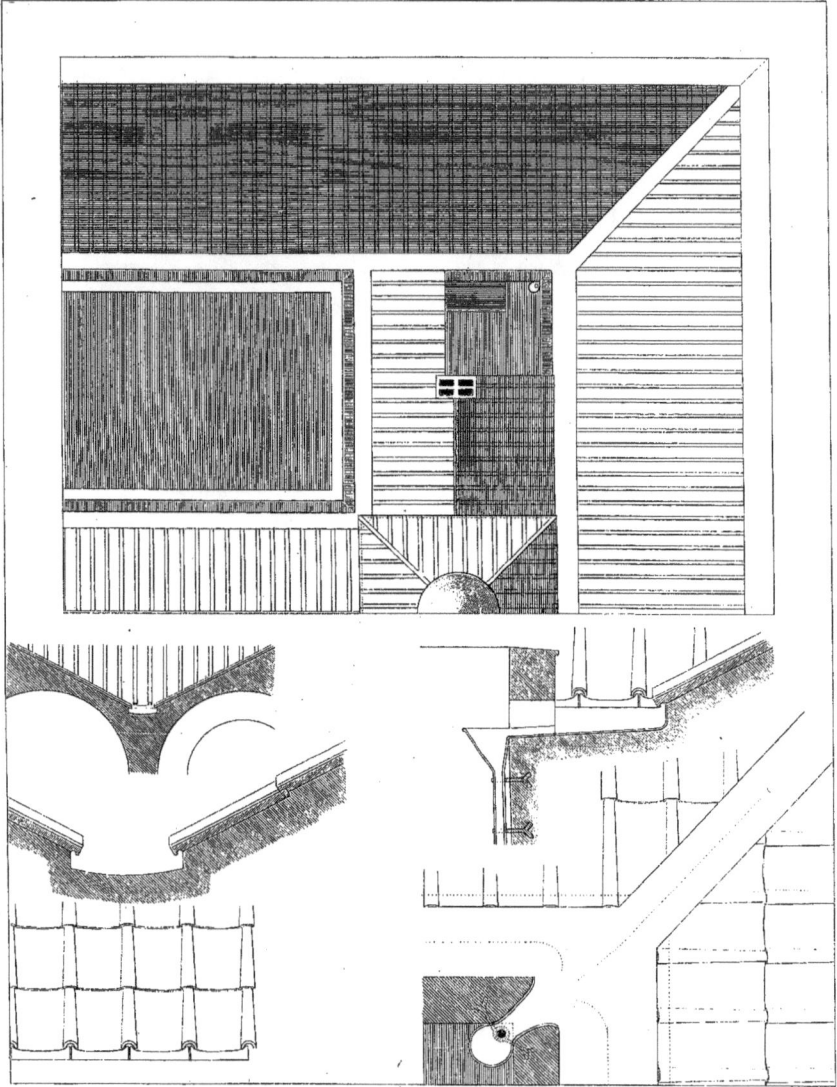

SECONDE PARTIE.

ARTICLE III.

Projet d'un couvent et d'une église pour les Jacobins
de la rue Saint-Jacques.

J'ARRIVAIS d'Italie en 1766, lorsque le prieur des Jacobins de la rue Saint-Jacques me demanda un projet de reconstruction de leur maison conventuelle et de leur église qui tombaient en ruine.

Je fis deux projets : dans le premier, l'entrée de l'église et celle du couvent sont sur la rue Saint-Jacques, et j'employais, à ces constructions, toute la superficie du terrain.

Ce projet fut présenté à la commission chargée de réunir, en une seule maison, les religieux du même ordre, des différents couvents, qui étaient à Paris. MM. les commissaires m'objectèrent que ces religieux ne pourraient faire des constructions aussi dispendieuses qu'en vendant la majeure partie de leur terrain, et qu'il faudrait faire l'entrée de l'église sur la place Saint-Michel, attendu qu'il n'existait pas d'église dans le voisinage, tandis qu'il y en avait plusieurs dans la rue Saint-Jacques, peu éloignées de l'église projetée.

D'après ces observations, je fis un second projet dans lequel l'église avait son entrée sur la place Saint-Michel ; je réduisis la maison conventuelle au strict nécessaire ; je perçai des rues sur le terrain et disposai des emplacements à vendre.

Je donne six dessins de ces projets ; savoir :

Le plan général du premier projet, et une coupe de la maison prise sur la profondeur du terrain ; le plan général du second projet où l'entrée de l'église est sur la place Saint-Michel, et celle de la

4

maison dans une des rues projetées; le plan de l'église, fait sur une plus grande échelle; l'élévation du portail et une coupe de l'église, prise sur les petites chapelles; enfin, la coupe de l'église et du chœur des religieux, avec une coupe sur la largeur, prise sur les grandes chapelles.

PLACE S.T MICHEL.

RUE D'ENFER.

R. DE LA HARPE.

RUE S.TE HYACINTHE.

JACOBINS.

RUE DE CLUNY.

RUE DES JACOBINS.

RUE PROJETÉE EN-FACE. DE S.TE GENEVIEVE.

PASSAGE.

RUE DES CORDIERS.

RUE   S.T   JACQUES.

Projet d'un Couvent pour les Jacobins de la rue S.t Jacques.

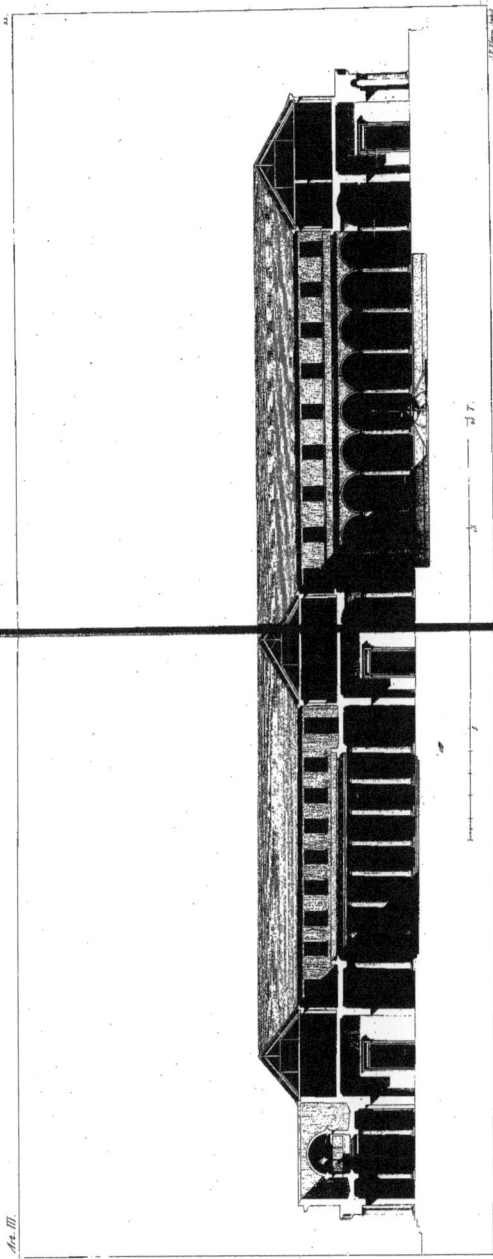

Pl. III

Coupe priste Suchez Longueur

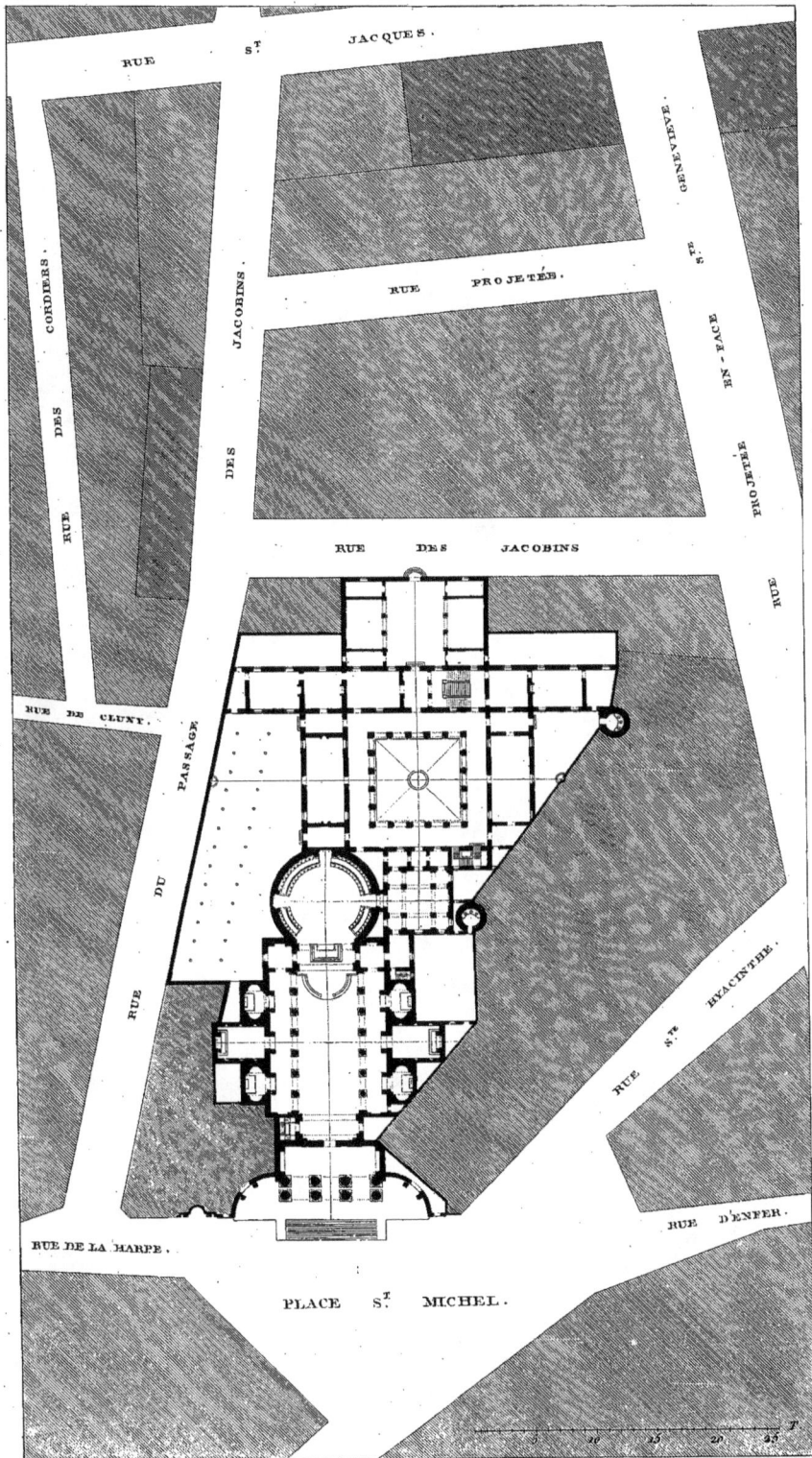

RUE ST. JACQUES.

RUE DES CORDERS.

RUE DES JACOBINS.

RUE PROJETÉE.

RUE STE GENEVIEVE EN-FACE PROJETÉE.

RUE DES JACOBINS.

RUE DE CLUNY.

RUE DU PASSAGE.

RUE DES

RUE STE HYACINTHE.

RUE D'ENFER.

RUE DE LA HARPE.

PLACE ST. MICHEL.

Projet d'un Couvent pour les Jacobins de la rue St. Jacques.

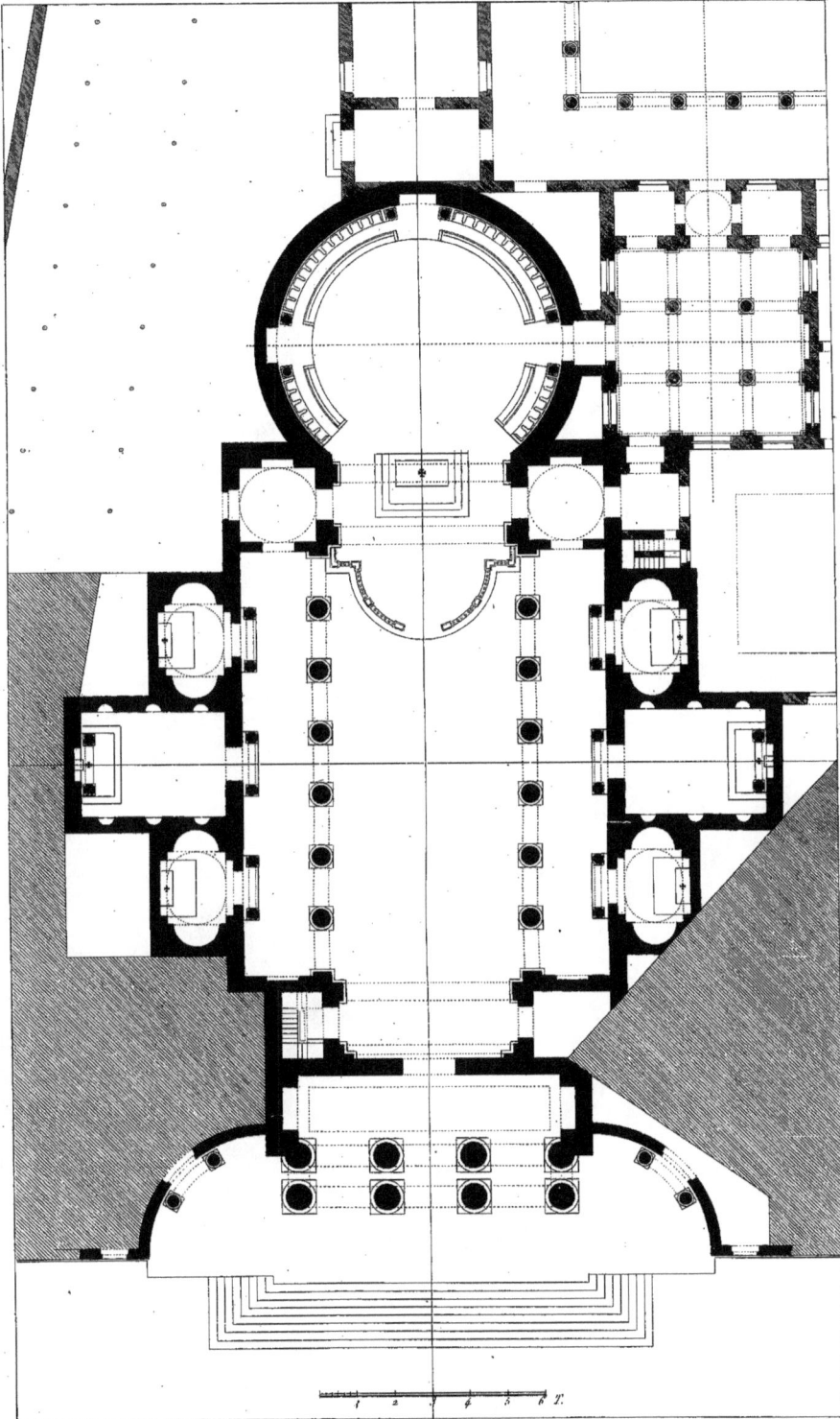

Plan de l'Église.

J. E. Thierry Sculp.

J.R. Thierry Sculp.

Élevation et Coupe sur les petites Chapelles.

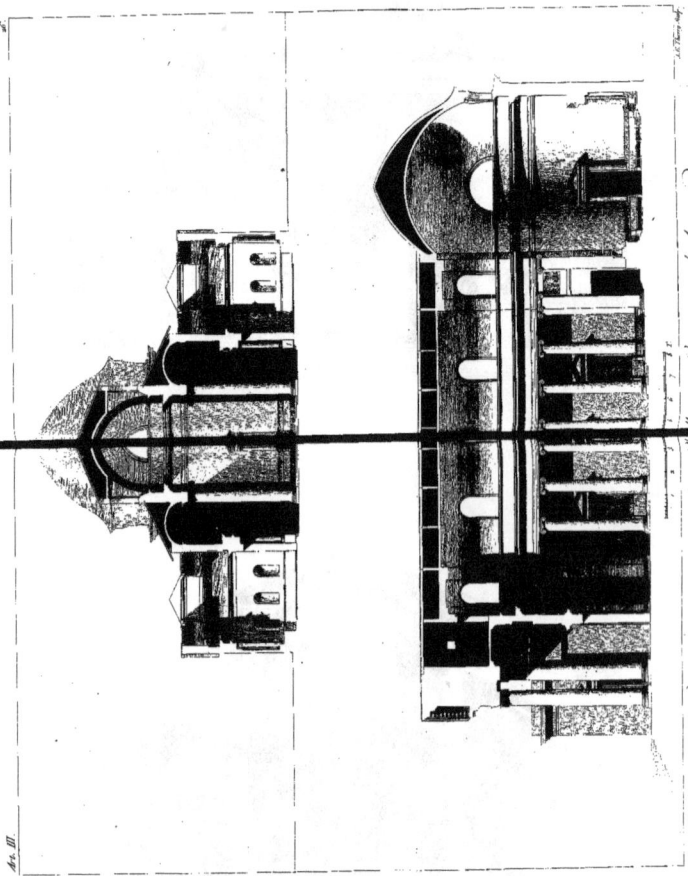

Coupe prise sur les grandes Salles et Coupe sur la longueur.

Pl. III.

ARTICLE IV.

Projet d'une Bibliothèque sur les anciens fondements de l'église de la Madeleine de la Ville-l'Évêque.

L ES dangers auxquels était exposée la Bibliothèque du Roi , rue de Richelieu , par le voisinage de l'Opéra ; le mauvais état de ses bâtiments , et les moyens dont on s'occupait alors pour rendre utiles les constructions déja faites pour l'église de la Madeleine , m'ont fait concevoir le projet d'élever , sur ces fondations , les bâtiments d'une Bibliothèque ; je fis , en conséquence , un projet soumis à l'Institut, qui en a rendu compte dans le IV· volume des travaux de la classe de littérature et beaux-arts.

Je donne quatre feuilles de dessins : le plan du plain-pied de la Bibliothèque ; le plan de l'étage supérieur, et le plan des souterrains où sont pratiqués des magasins et des ateliers.

On voit , sur une même planche, l'élévation du portique avec une coupe prise sur la longueur de la grande salle.

Plan de la Bibliothéque.
sur le terrin de la Magdeleine

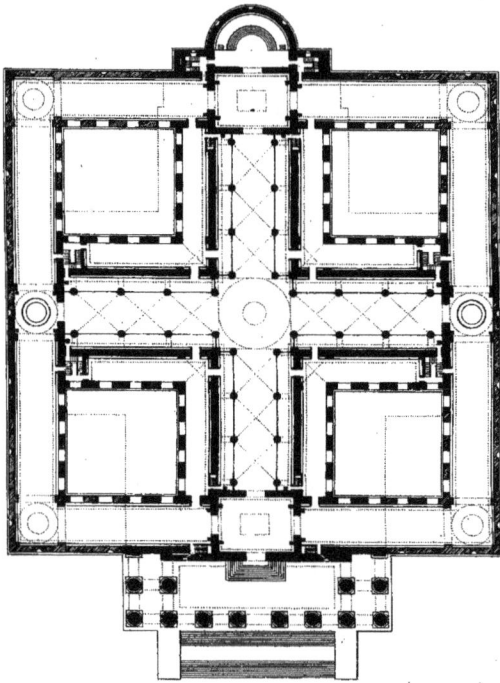

Plan du Premier Etage
de la Bibliothèque

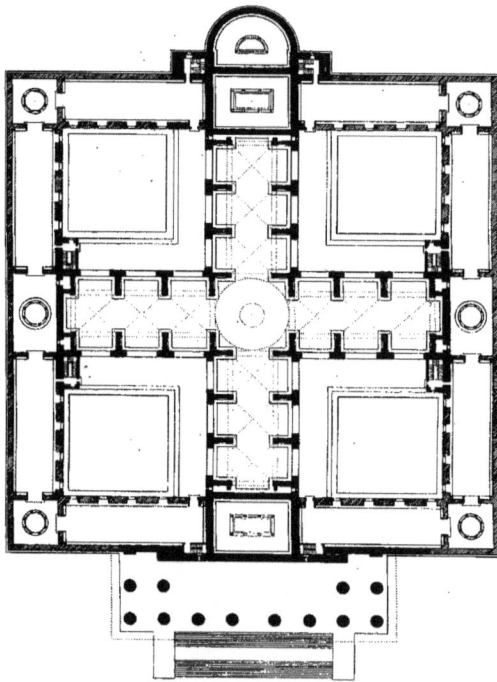

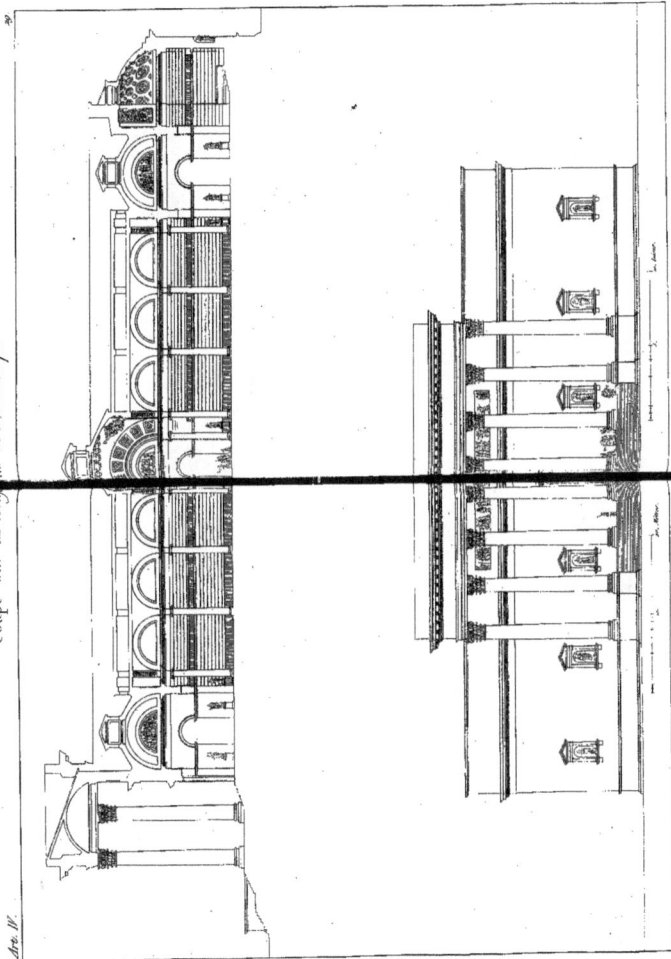

Coupe sur la longueur de la Bibliothèque.

Élévation de l'entrée de la Bibliothèque.

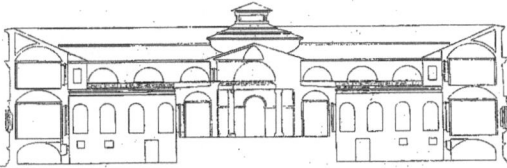

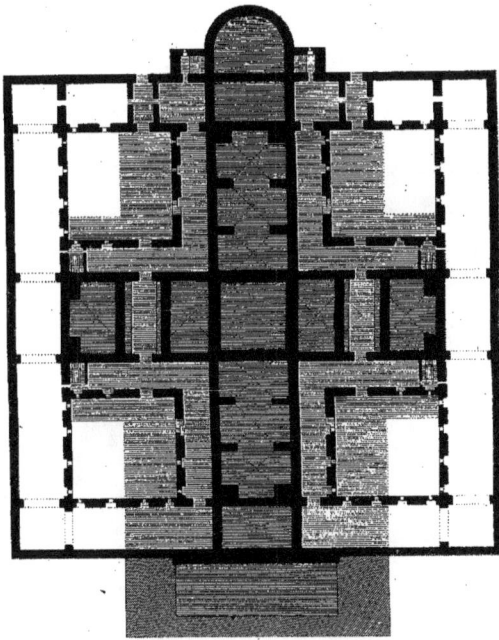

Toises.

ARTICLE V.

Projet d'un monument à la mémoire DE LOUIS XVI.

JE m'étais flatté, à l'époque du 18 brumaire an VIII (9 novembre 1801), que l'ordre allait être rétabli, et je fis le projet d'élever, sur le même emplacement de l'église de la Madeleine de la Ville-l'Évêque, un monument à la mémoire du roi LOUIS XVI. Je plaçai ce monument au centre d'un temple pratiqué dans une pyramide de cent quinze pieds de haut; un phare, de forme circulaire, où l'on eût entretenu un feu continuel, aurait couronné cette pyramide.

Ce projet consiste en six dessins : le premier offre le plan général du quartier. Le monument aurait été contenu dans une pyramide élevée au centre d'une place de forme rectangulaire, à laquelle aurait abouti le boulevard de la Madeleine, et un boulevard, projeté depuis long-temps, et qui, commençant du côté opposé, se serait prolongé jusqu'aux murs de la ville; le second plan est celui du soubassement de la pyramide; le troisième, le plan du temple circulaire dans lequel est le monument; et le quatrième, celui de la pyramide vue en dessus, avec celui du phare qui la couronne. Le cinquième dessin présente l'élévation de la pyramide : on voit, dans cette coupe, l'intérieur du temple dont la forme est sphérique, et le monument où le cœur du Roi aurait été élevé au centre de cette sphère. Le dernier dessin offre le mausolée élevé sur un stylobate, avec quatre autels : LA PRUDENCE, LA FORCE, LA JUSTICE, et LA TEMPÉRANCE, vertus que possédait ce prince, l'accompagnent au tombeau, et sont assises au pied du monument. Les vertus théologales élèvent son cœur au ciel. On voit, sur le piédestal qui supporte ces vertus, les Heures qui passent d'un vol paisible, et soutiennent des médaillons sur lesquels sont inscrites les principales actions de ce Roi pieux et magnanime.

5

Plan du quartier.

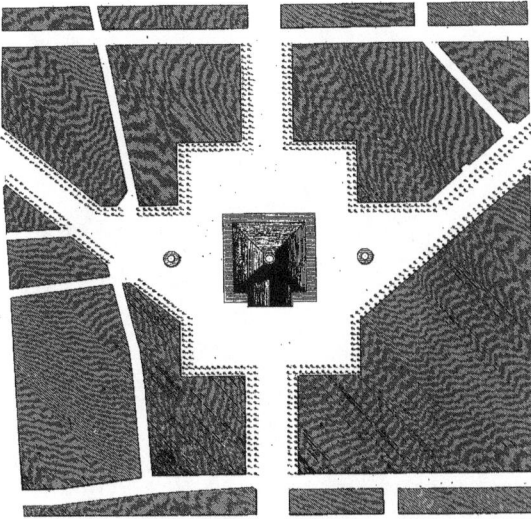

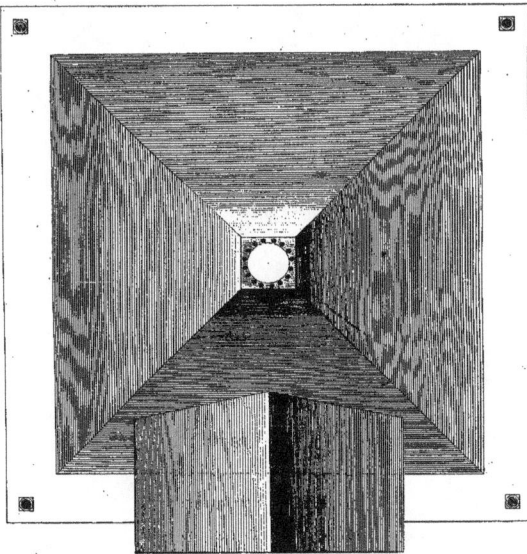

Plan du Tombeau.

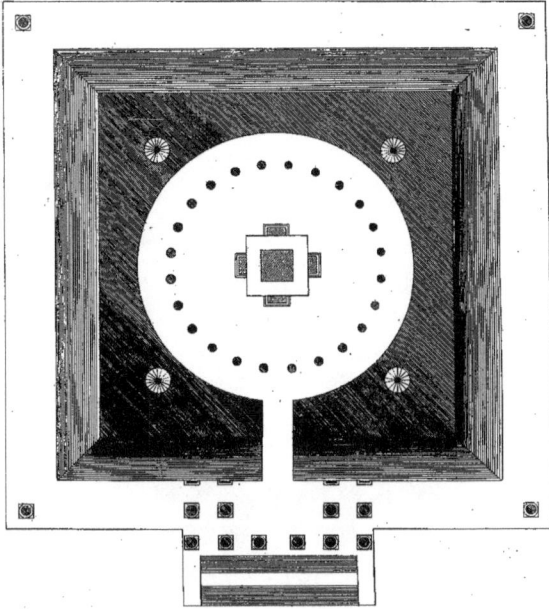

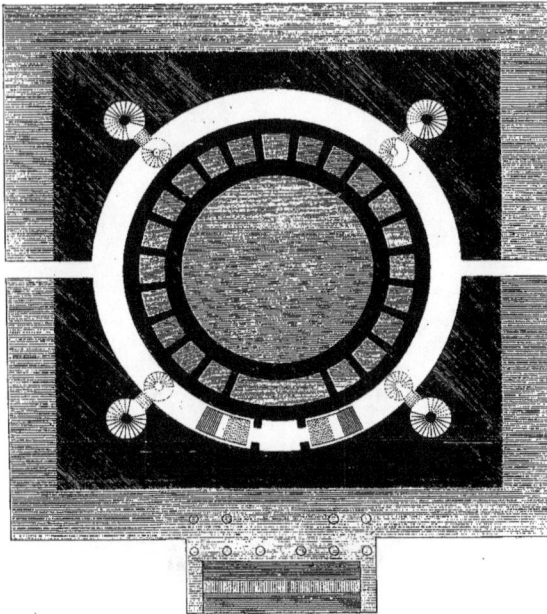

MONUMENT À LA MÉMOIRE DE LOUIS XVI.

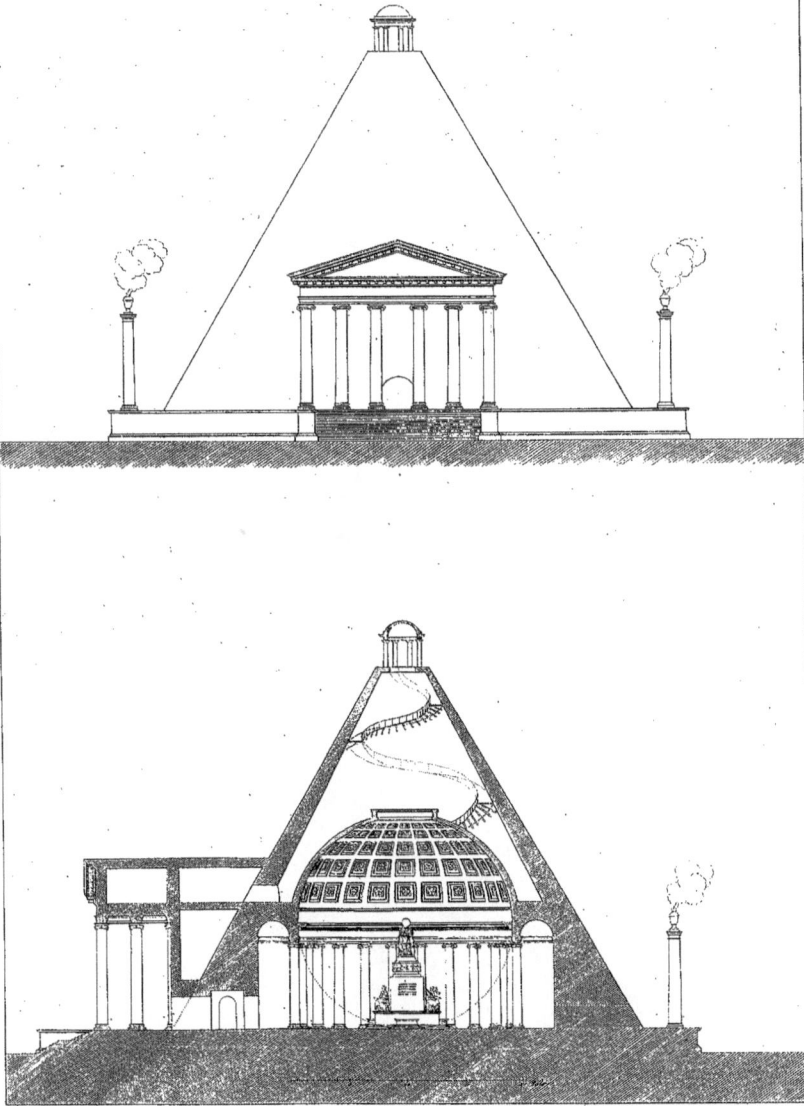

ARTICLE VI.

Églises à Saint-Germain-en-Laye.

Église de la Trinité.

Il n'y avait à Saint-Germain que deux églises; dans la forêt et à une lieue de la ville, il existait un couvent occupé par trois religieux.

Je proposai, en 1780, de transférer ces religieux à Saint-Germain, et de construire une église sur le carrefour de la grande rue, et de la rue aux Vaches; on eût acquis pour former le couvent une maison bourgeoise à laquelle l'église eût été jointe.

Église de la Charité.

Quelques années après, M. le curé proposa à ses paroissiens de contribuer à la dépense de la construction d'une petite église pour l'hospice de la Charité de cette ville, et qui servît, en même temps, de succursale à sa paroisse. Je fis ce projet, qui a été exécuté, en apportant la plus grande économie dans la disposition des constructions et dans l'emploi des matériaux; en sorte que la dépense de la construction entière de l'église, dont le portail est entièrement en pierres de taille, ne s'est élevée, en 1784, qu'à une somme de 16,800 livres, conformément aux soumissions qui avaient été faites par les entrepreneurs.

Je donne un plan de l'église avec une coupe sur la longueur et l'élévation du portail, et la coupe sur la largeur.

Église de la communauté des dames de Saint-Thomas-de-Villeneuve.

La maison des dames de Saint-Thomas-de-Villeneuve à Saint-Germain-en-Laye fut établie pour l'instruction de jeunes demoiselles, et pour servir de retraite à des dames d'un certain âge.

Le service de cette maison exigeait qu'il y eût une chapelle, et l'on avait destiné à cet usage une pièce où elle est maintenant, et qui

se trouvait à la portée des classes ; les dames pensionnaires pouvaient
y aller de leur appartement et à couvert. Je proposai de supprimer
le premier plancher, de faire monter la chapelle jusqu'au deuxième
étage, de pratiquer des tribunes au premier, et d'ouvrir le second
plancher pour former une tribune à la portée des personnes qui
habitaient ce plain-pied. Je fis l'entrée principale de la chapelle sur
la rue, afin que le public pût y assister aux offices divins.

Les murs teintés en gris foncé ont été repris en partie à cause des
grandes ouvertures qu'on y a pratiquées, et il n'a rien été fait aux
autres.

Je donne le plan de la chapelle avec les parties de la maison d'où
l'on y communique, et l'élévation du portail avec une coupe.

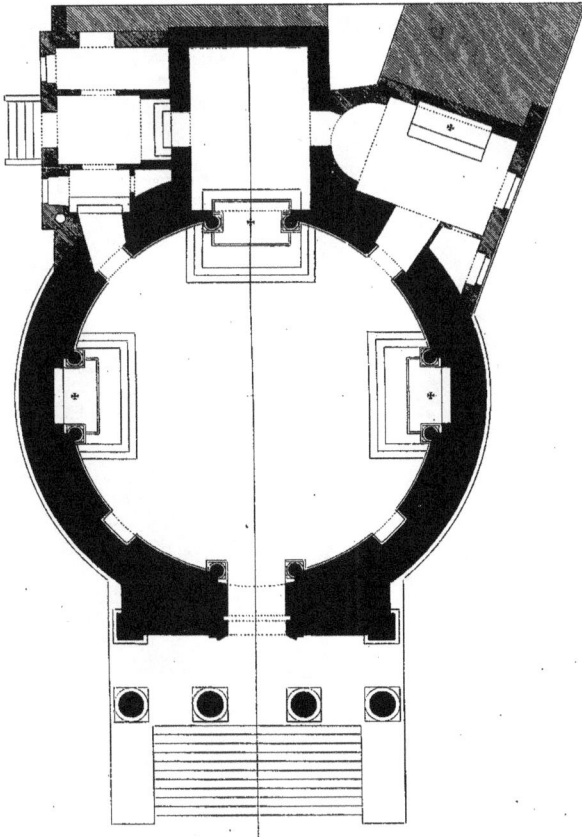

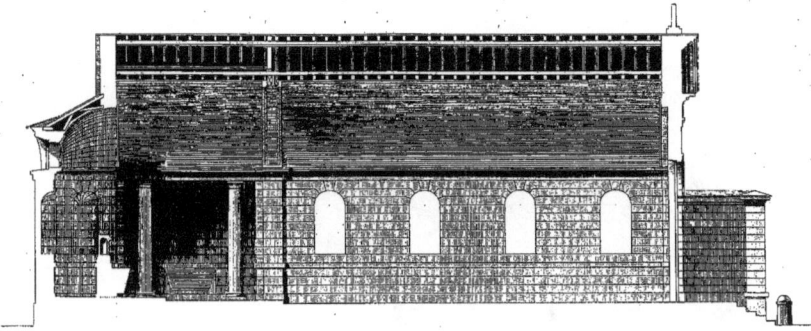

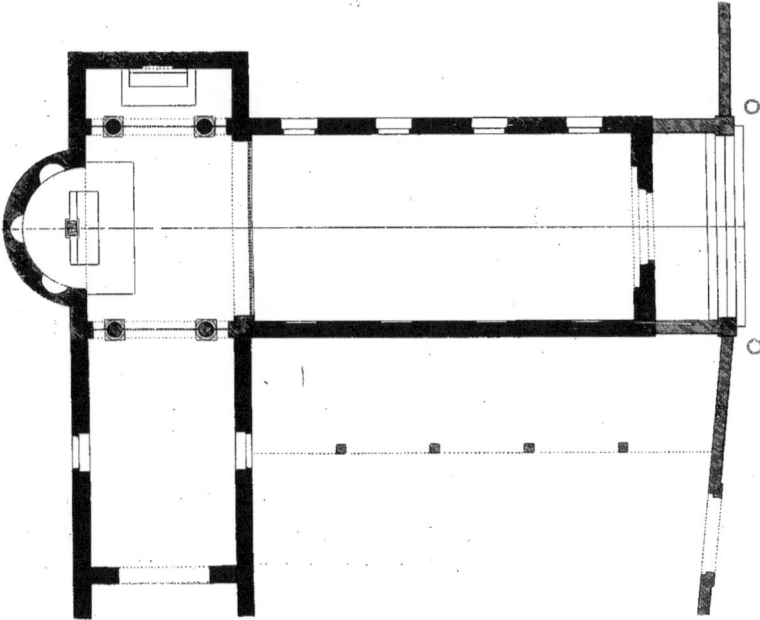

Chapelle de la Communauté, à Saint Germain en Laye.

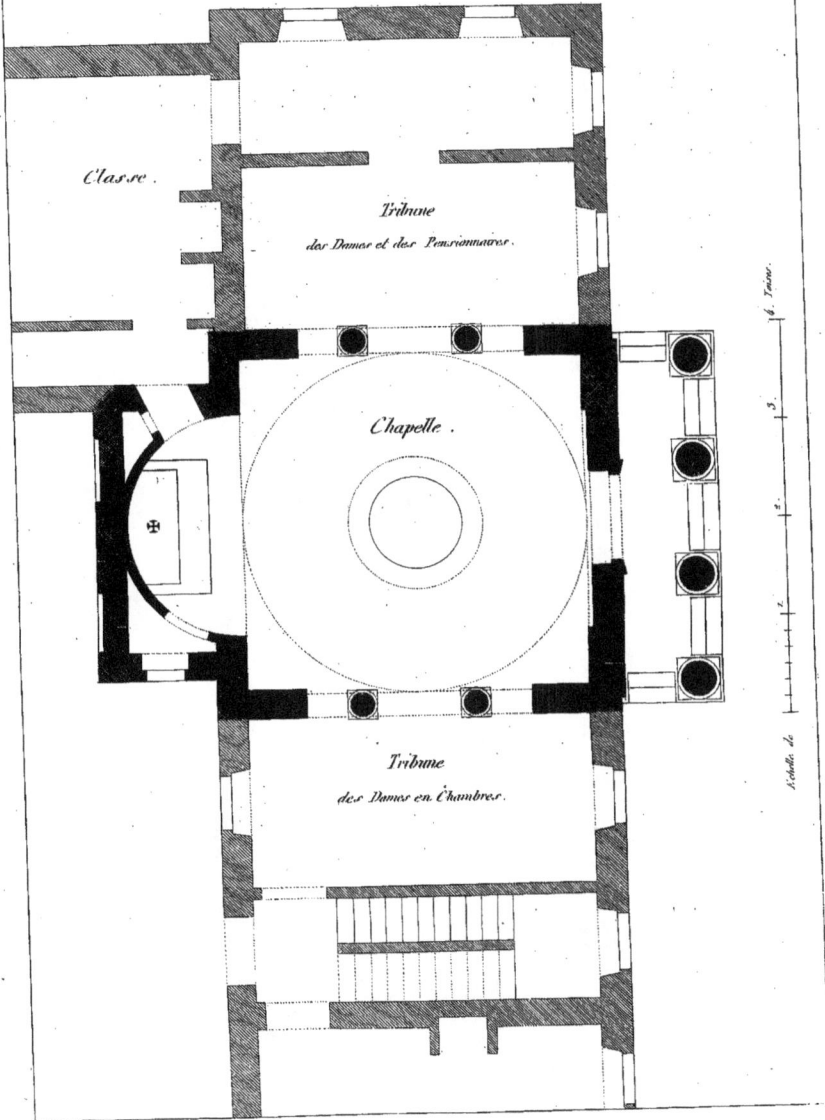

Classe.

Tribune
des Dames et des Pensionnaires.

Chapelle.

Tribune
des Dames en Chambres.

Échelle de.

TROISIÈME PARTIE.

ARTICLE VII.

Château de l'Électeur de Trèves à Coblentz.

DEPUIS plusieurs siècles, la résidence de l'Électeur de Trèves était à Coblentz, ville située au confluent du Rhin et de la Moselle ; mais le château étant bâti de l'autre côté du Rhin, adossé contre le rocher qui supportait la forteresse d'Erebrinstein et séparé de la ville par le fleuve, S. A. Électorale était privée de voir les personnes de sa cour pendant l'hiver, et lorsque le Rhin chariait des glaces, ou était entièrement gelé. Un autre inconvénient, non moins grave, rendait l'habitation de ce château dangereuse, des pierres se détachaient souvent du sommet du rocher, et, dans leur chûte, avaient écrasé plusieurs parties des bâtiments.

Ces considérations, et plus encore le mauvais état de ces bâtiments qui nécessitait des réparations continuelles et des reconstructions énormes, déterminèrent le prince et les états à faire construire un château près de la ville. On appela un architecte de Strasbourg, qui fit des plans et un devis montant à cent mille écus (cinq cent mille francs de notre monnaie). Ces projets acceptés, on suivit les travaux avec la plus grande activité.

Les fondations du principal corps-de-logis n'étaient pas entièrement construites ; pas une cave n'était voûtée ; quelques parties des murs de face avaient été élevées pour satisfaire la curiosité de l'Électeur, lorsqu'on s'aperçut qu'on s'était trompé dans l'estimation de la dépense ; en effet, les cinq cent mille francs étaient déja employés. On suspendit alors les travaux, et l'on fit un nouvel examen d'où il résulta que le projet était vicieux sous tous les rapports. L'Électeur fit demander à la cour de France un architecte pour rectifier ces erreurs ; c'est alors,

en 1779, que je fus envoyé à Coblentz. Je trouvai le plan du château
beaucoup trop vaste pour les besoins du service du prince; je proposa
de supprimer deux grandes ailes dont les fondations étaient faites
ce qui réduisait le bâtiment à moins des trois cinquièmes de sa superficie; et je fis une nouvelle distribution dans ce qui restait, en m'as-
sujétissant aux murs qui étaient fondés.

J'ai donné sur onze feuilles seize dessins de plans, coupes, élévations et profils de ce château; savoir:

Feuille 1. Le plan général avec la place qui le précède et les pro-
menades qui l'entourent;

2. Le plan du rez-de-chaussée du principal corps-de-logis et celui
du premier étage;

3. Élévation du principal corps-de-logis, comme il a été exécuté,
et élévation projetée;

4 et 5. Profils faits sur de plus grandes échelles;

6. Plan du rez-de-chaussée de la chapelle et plan à la hauteur de la
tribune de S. A. Électorale;

7. Coupe de la chapelle prise sur la longueur;

8. Coupe prise en face de l'autel;

9. Coupe prise en face de la tribune de l'Électeur;

10. Plan et coupe de la galerie;

11. Coupe de la salle du trône avec le dessin du plafond.

Rhin.

Quai.

Portion

Cour

du Château.

Promenade.

Quartier

Place.

Pre

Ville

gale.

gravé par Thierry Neveu.

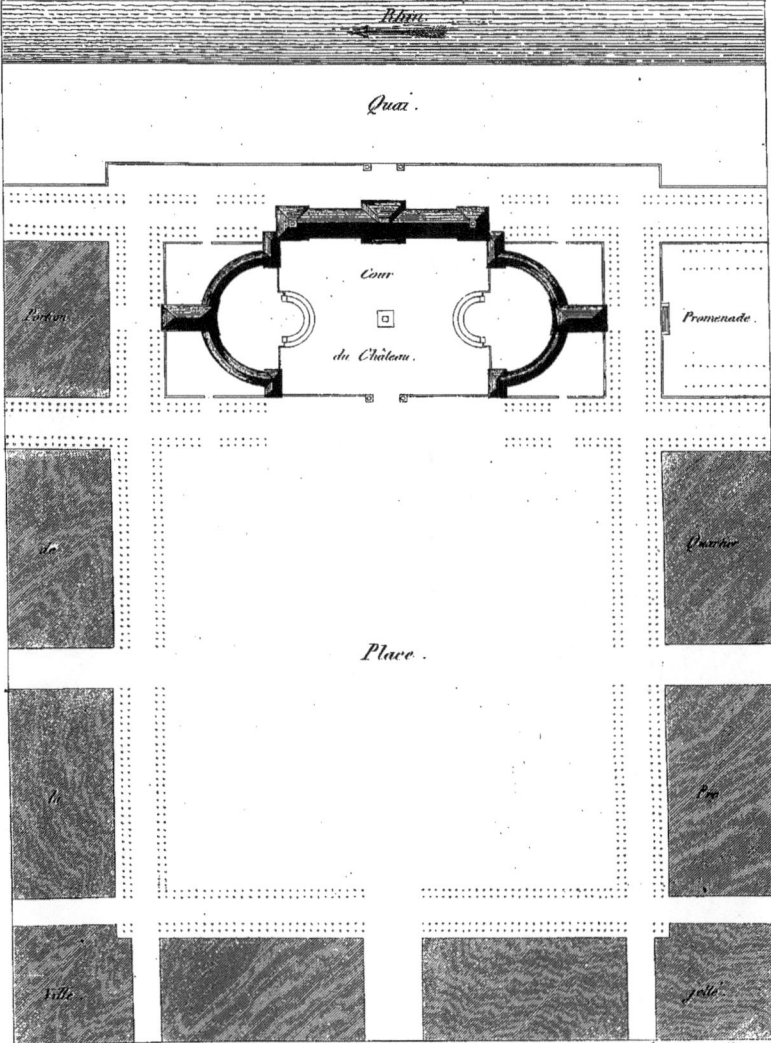

0 10 20 30 40 50 60 70 80 90 100 T.

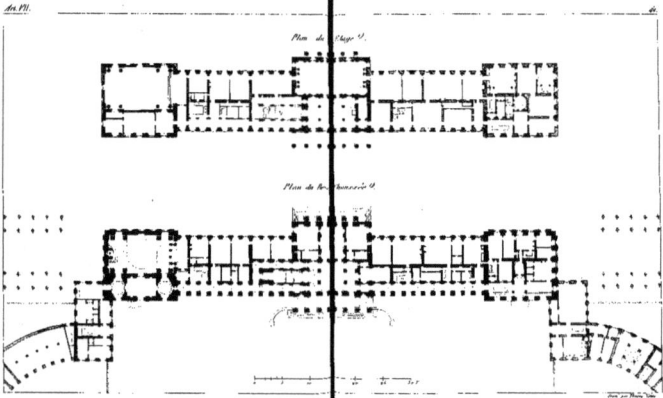

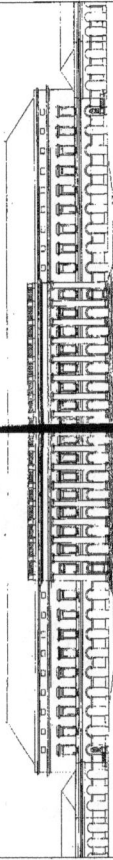

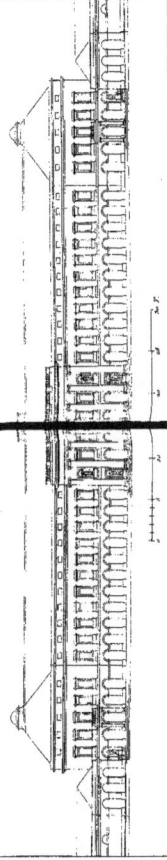

Élévation projettée.

Élévation telle qu'elle est arrivée.

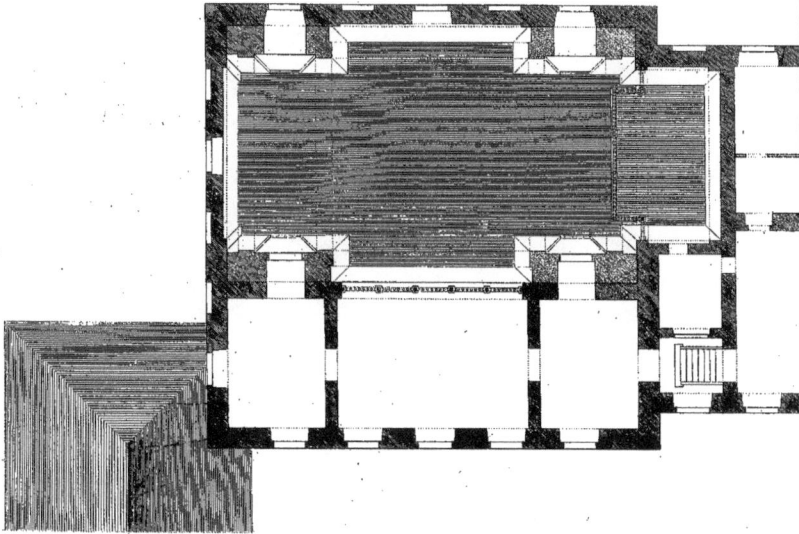

Plans de la Chapelle
du Palais
de l'Electeur de Treves à Coblentz.

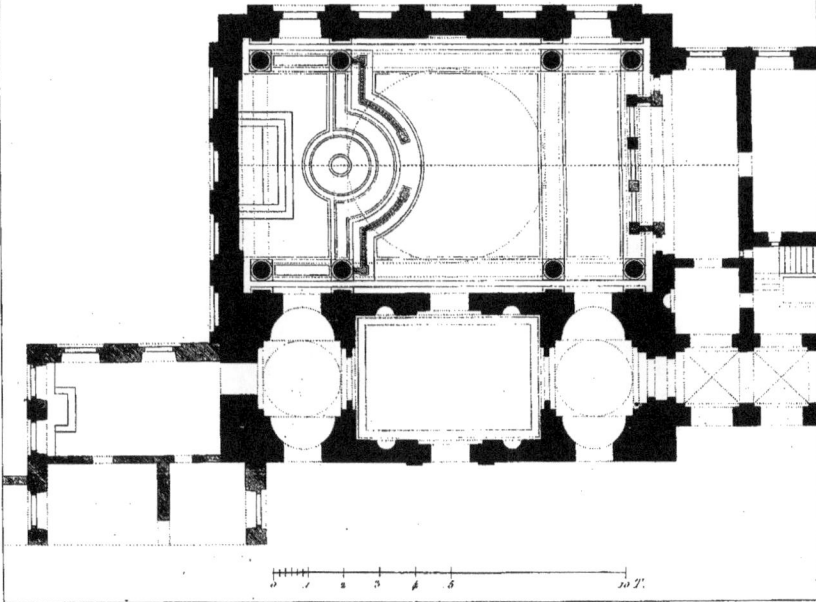

Art. VII.

Coupe sur la largeur de la Chapelle
du Palais
de l'Electeur de Trêves à Coblentz.

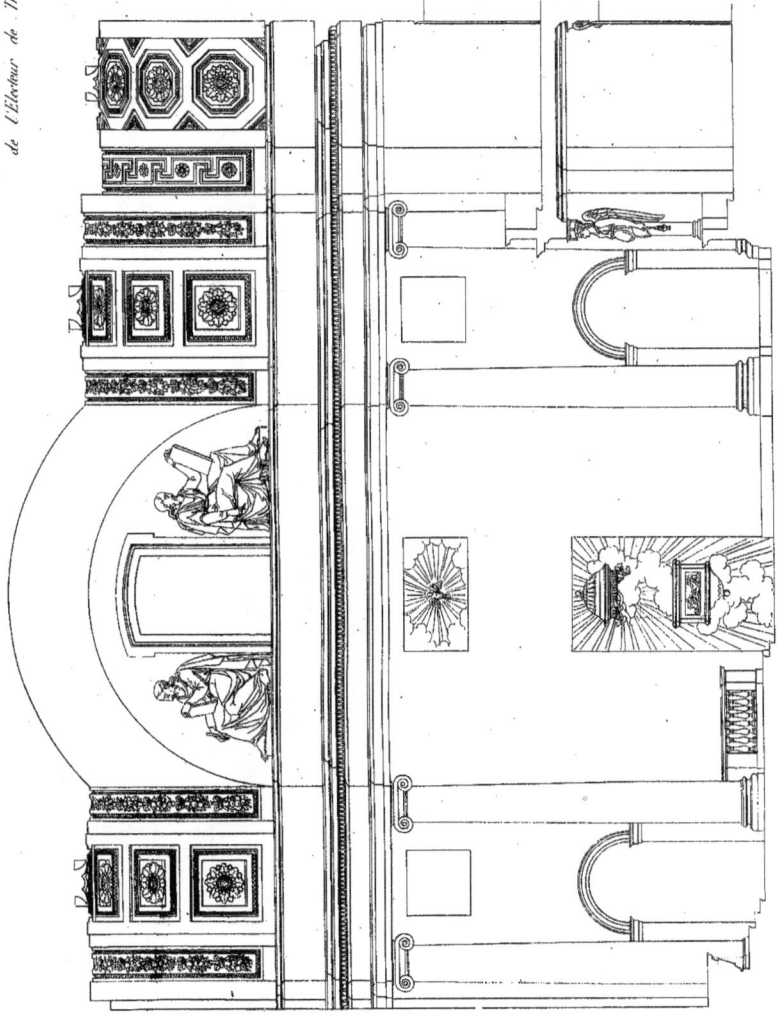

Coupe sur la largeur de la Chapelle
du Palais
de l'Electeur de Trenes à Coblentz.
du coté de l'Autel.

Coupe sur la largeur de la Chapelle
du Palais
de l'Electeur de Treves à Coblentz.
du coté de la Tribune.

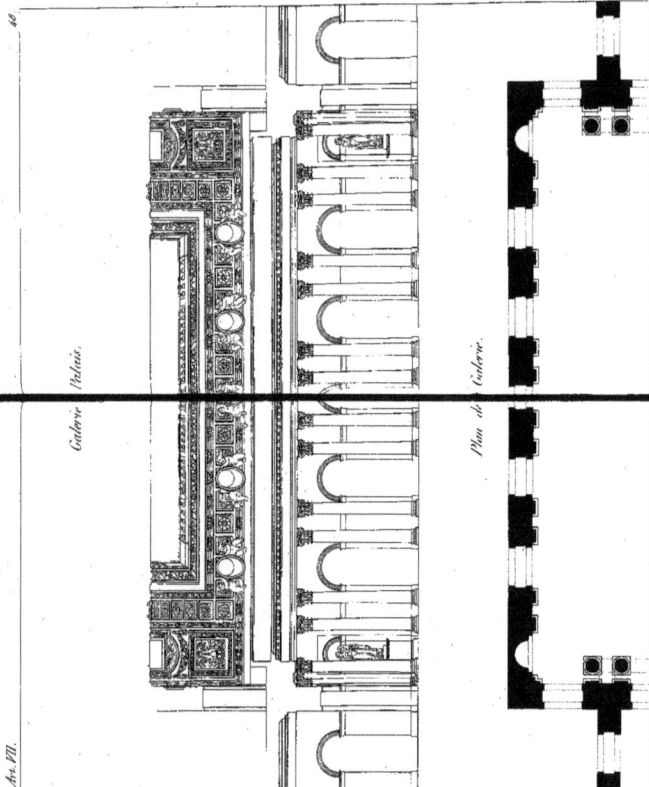

Pl. VII.

Galerie. Palais.

Plan de Galerie.

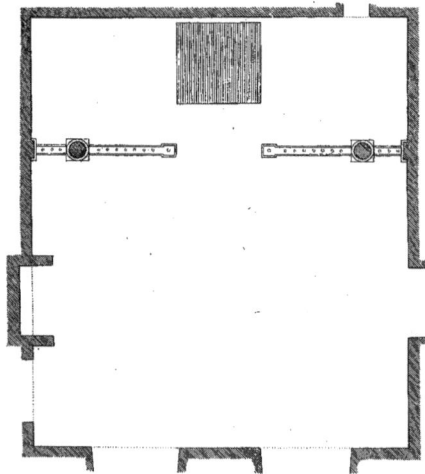

Plafond *de la Salle du Trône.*

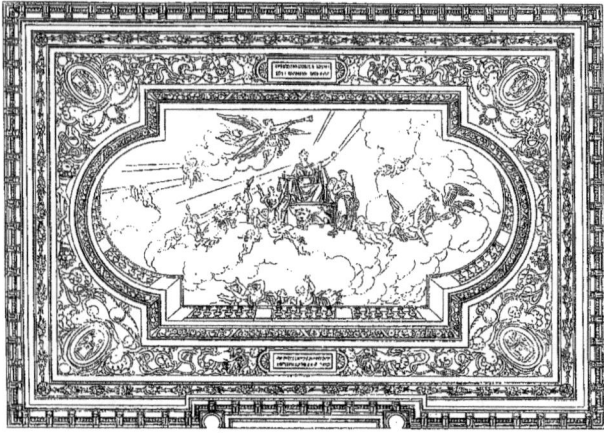

Coupe *de la Salle du Trône.*

ARTICLE VIII.

Contenant quatre projets.

PREMIER PROJET.

Pavillon en Provence.

CE pavillon, dont j'ai envoyé les projets en 1785, devait être isolé dans un jardin et situé auprès d'un ancien château et de ses dépendances nécessaires; il devait servir d'habitation particulière pour le seigneur, et contenir deux ou trois logements d'amis. On demandait que les intérieurs fussent préservés autant que possible de l'excessive chaleur qu'il fait dans ce pays; que le pavillon fût d'une architecture simple, agréable, et qui portât néanmoins un caractère de dignité, quoique peu dispendieuse. Il devait être couvert en terrasses disposées de manière que les eaux pussent s'écouler facilement. Les cuisines étaient dans l'ancien château; on demandait qu'il y en eût d'autres, ou des rechauffoirs, dans le souterrain du pavillon. Je fis mon possible pour remplir ces conditions : je donnai peu de jours dans les pièces et je pratiquai un grand portique au nord qui devait répandre de la fraîcheur dans tous les appartements.

Il y a quatre feuilles de dessins : le plan des souterrains et celui du rez-de-chaussée; le plan de l'étage supérieur, et celui des combles; l'élévation du côté de l'entrée avec celle qui donne sur le jardin, et une élévation latérale, avec la coupe du pavillon.

DEUXIÈME PROJET.

Paroisse de Deniecourt, près Péronne.

M. le vicomte d'Hervilly Canisi, seigneur de Deniecourt, m'ayant appelé, en 1781, pour terminer des parties de constructions de son château, me demanda le projet d'une église paroissiale. Il y avait sur son terrain une briqueterie, d'où l'on avait tiré la brique pour

construire et réparer son château. Je lui proposai de bâtir cette église
entièrement avec les mêmes matériaux.

Je donne le plan de l'église, avec la coupe sur la longueur, et le
portail avec une coupe sur la largeur, et quelques détails de construction.

L'échelle du plan et de la coupe sur la longueur est à celle de l'élévation comme deux sont à trois.

TROISIÈME PROJET.

Mur séparant la cour du château de ce village de celle des cuisines et écuries.

QUATRIÈME PROJET.

Pavillon et ferme de Thiburg, près Trèves.

M. le baron de Kerpen, chanoine du chapitre électoral et gouver-
neur de la ville de Trèves, avait en apanage la censive de Thiburg,
située à une lieue de la ville sur les bords de la Moselle, et dans
une position admirable. Ce prélat me demanda les projets d'une ferme
et d'un très-petit pavillon d'où il pût jouir de tout l'agrément de cette
belle situation, et inspecter en même temps les travaux de la ferme.
Il desirait que ces bâtiments contribuassent à l'ornement du cours de
cette rivière, qui, depuis Trèves jusqu'à Coblentz, est délicieux par la
variété des sites, par de jolies habitations qui la bordent, par la beauté
de la campagne, la variété des bois, des rochers, et par le concours
des voyageurs qui vont par eau de Trèves à Coblentz.

J'ai donné le plan général du pavillon et de la ferme, deux coupes
prises sur ce plan, et une élévation sur une plus grande échelle que
celle du pavillon.

Plan des Souterrains,

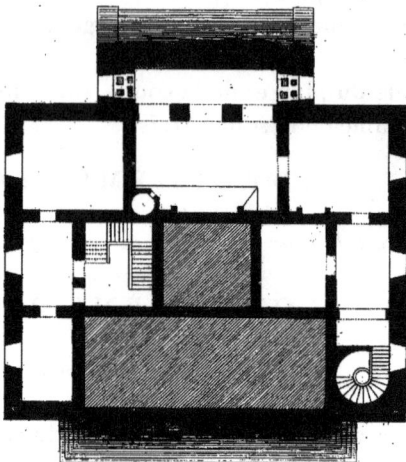

Rez de Chaussée,

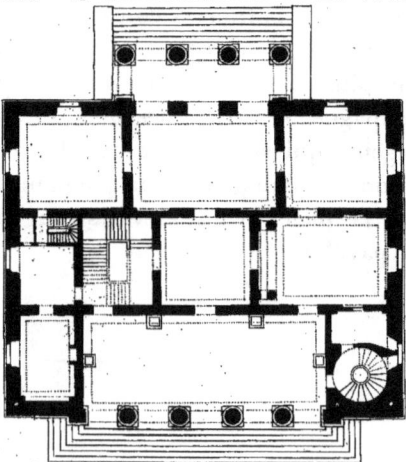

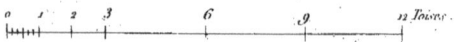

0 1 2 3 6 9 12 Toises.

1.er Etage.

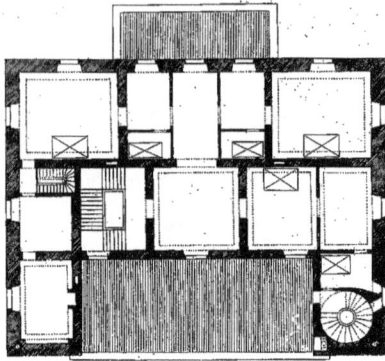

Combles,

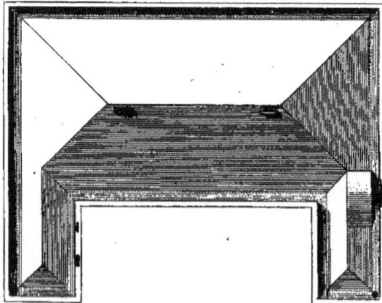

Côté du Jardin.

Côté de l'Entrée.

Gravé par Thierry Neveu.

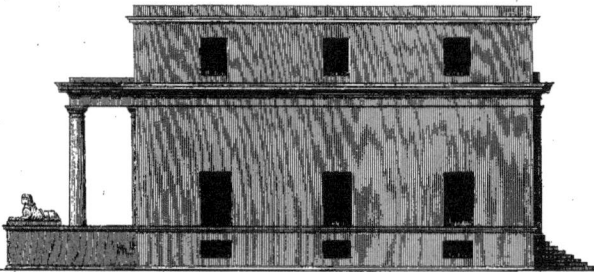

Côté Latéral.

Coupe.

Gravé par Thierry Neveu.

Plan et Coupe en longueur de la Paroisse de Deniécourt.

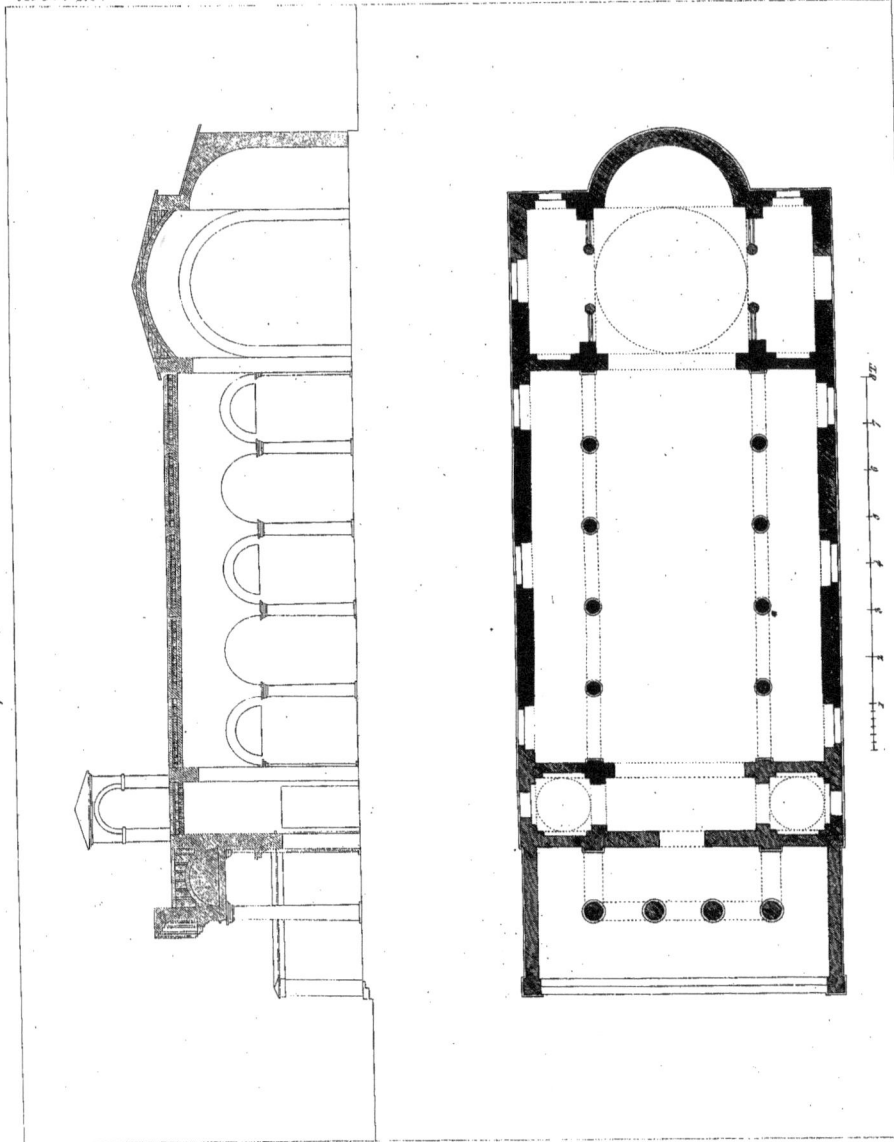

N. L. Rousseau Sc.

N.L. Rousseau Sculp.

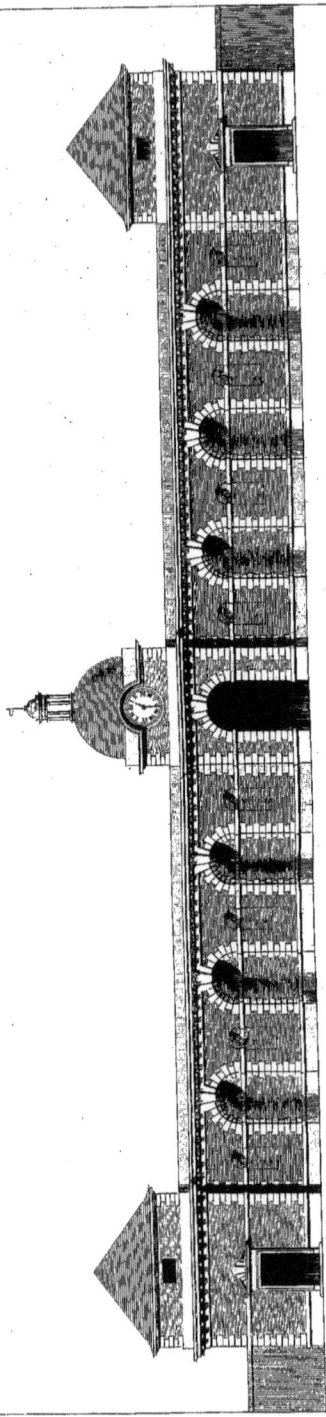

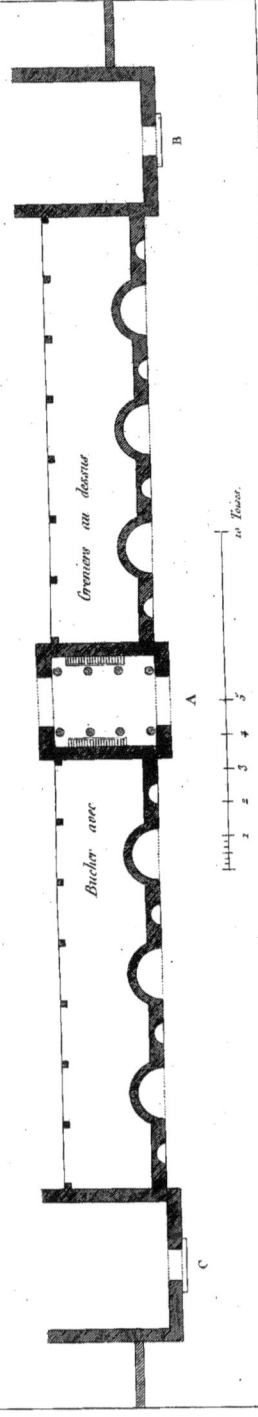

57.

Art. VIII.

Bucher avec

Greniers au dessus

A

B

C

10 Toises.

Projet d'un Pavillon et d'une Ferme

pour la Sensive de Thibourg près de Trèves sur les bords de la Moselle.

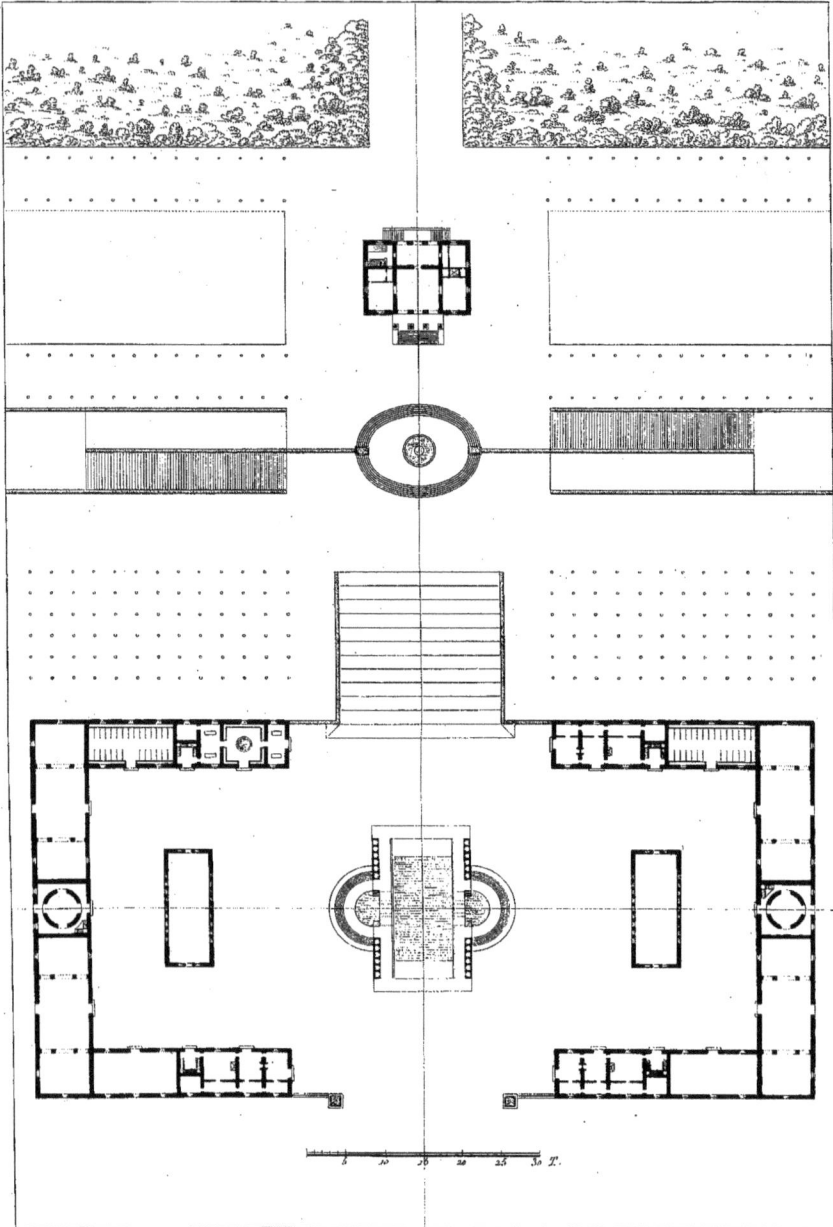

Ferme de Auberney.

Pl. VIII.

PAVILLON DE LA FERME DE TIBURG.

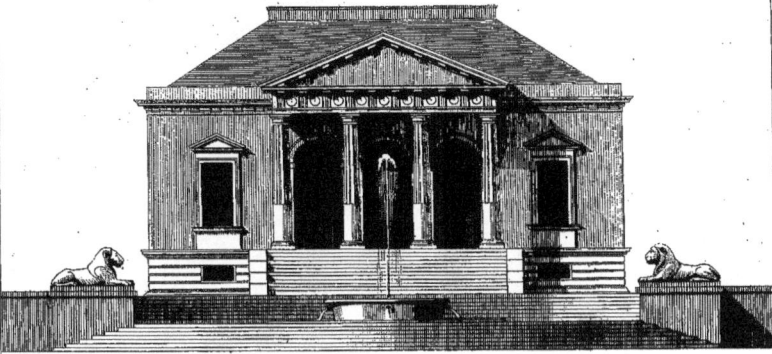

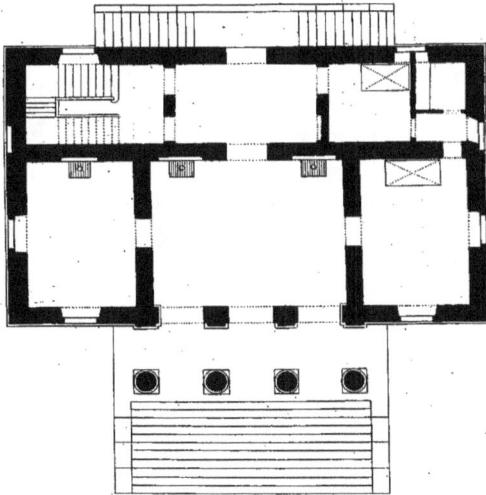

Gravé par Thierry, neveu.

Pavillon de la Ferme de Tiburg.

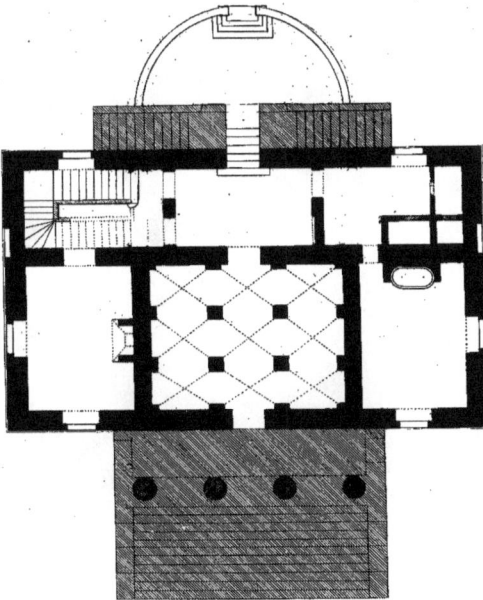

Coupe du Pavillon.

Face latéral.

Echelle de

QUATRIÈME PARTIE.

ARTICLE IX.

Château de Kerlich.

L'Électeur de Trèves m'avait demandé, en 1788, les projets d'un pavillon qu'il voulait faire construire dans les jardins du château de Kerlich.

Ce château est situé sur les bords du Rhin, à deux lieues N. O. de Coblentz, au pied d'une montagne couverte d'un bois magnifique; des sources abondantes sortent de cette montagne. L'électeur fit diriger le cours de ces eaux, qui allaient naturellement se perdre dans le Rhin, de manière à ce qu'elles fussent utiles, et qu'elles produisissent en même temps des effets agréables et pittoresques; elles font mouvoir des usines, alimentent des fontaines, baignent le pied de la maison d'un garde, traversent un bosquet couvert d'un bois épais où le soleil ne pénètre jamais, et vont se précipiter parmi des rochers d'où elles sortent en cascades pour arroser les beaux jardins du château de Kerlich.

L'électeur demandait que le pavillon fût construit dans le jardin, entre la forêt et le château, et qu'il réunît à tout l'agrément possible la commodité du service. Il voulait qu'il contînt deux appartements, un pour lui, l'autre pour l'altesse royale de Saxe, sa sœur.

Je projetai un pavillon carré, au centre duquel est une volière qui s'élève du sol de grottes pratiquées dans le soubassement; on devait entrer dans ce pavillon du côté de la forêt par un premier vestibule, et l'entrée du prince aurait été du côté du château par un portique orné de six colonnes d'ordre dorique.

Les escaliers des souterrains et des étages supérieurs sont placés dans les angles du bâtiment.

7

L'usage en Allemagne et particulièrement dans la partie du bas Rhin, est de faire de la musique dans les maisons de plaisance des princes et des grands seigneurs, pendant l'heure des repas et des assemblées. J'ai en conséquence pratiqué dans le grand vestibule, qui règne autour de la volière, quatre tribunes où les musiciens eussent été distribués. Les sons de la musique entendus distinctement de toutes les pièces du pavillon se seraient mêlés au chant mélodieux des oiseaux.

Quelques années avant de me demander les plans de ce pavillon, son altesse électorale m'avait chargé de composer une décoration pour l'intérieur de la salle à manger de l'ancien château; je proposai de la décorer d'un ordre dorique, et de faire un entablement en plâtre ou en bois qui eût régné dans tout le pourtour de la salle; toute la partie inférieure eût été peinte; le côté en fa. ; des croisées eût offert l'aspect d'un portique ouvert sur un jardin orné de fontaines jaillissantes et de statues de marbre. La peinture de la salle eût été éclairée par le jour des croisées, en suivant l'effet des ombres de l'entablement, et le jardin l'eût été par le soleil dans une position de 70 degrés de la perpendiculaire et à une hauteur de 45.

Indication des planches.

1. Plan général du pavillon, du jardin qui l'entoure, d'une portion du château et du village avec le commencement de la montagne.

2, 3, 4. Plans des grottes, de l'étage principal des tribunes pour les musiciens, et des combles.

5, 6. Élévation du pavillon et des terrasses, et coupe du pavillon, dessinés sur une coupe plus grande.

7 et 8. Décoration peinte de la salle à manger.

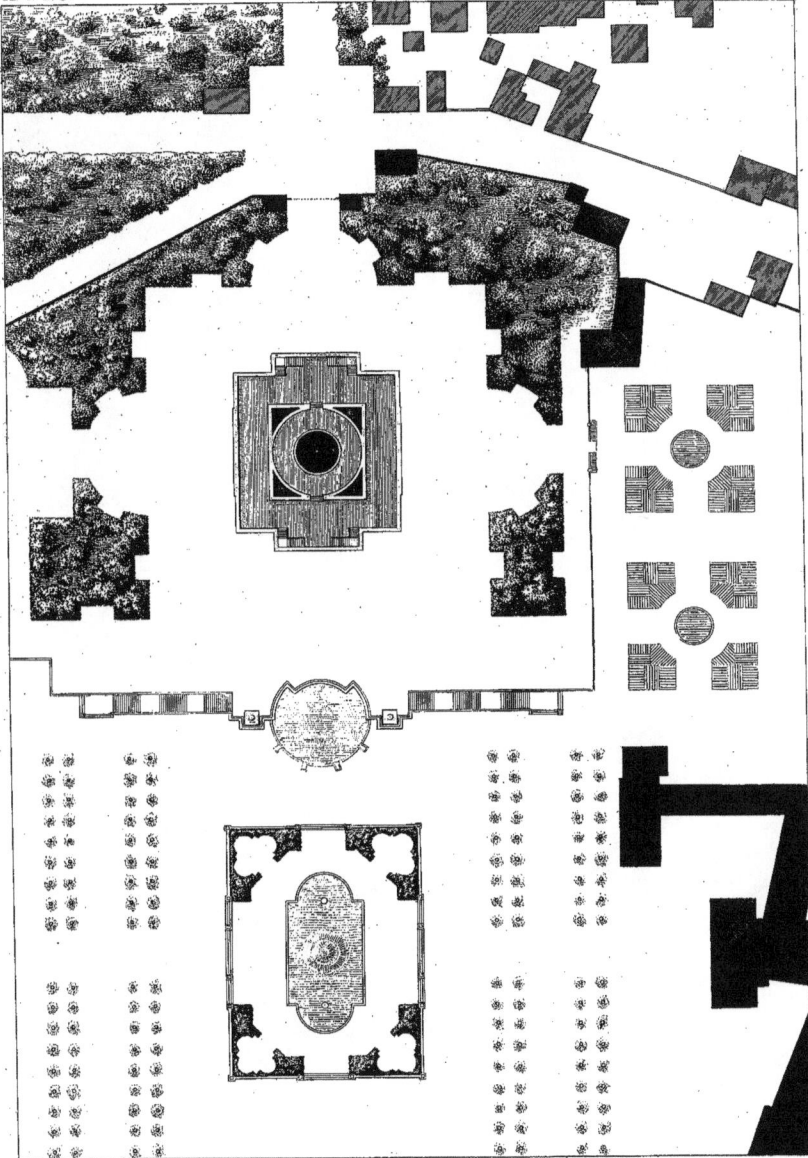

Plan des grottes sous le Pavillon et la Terrasse.

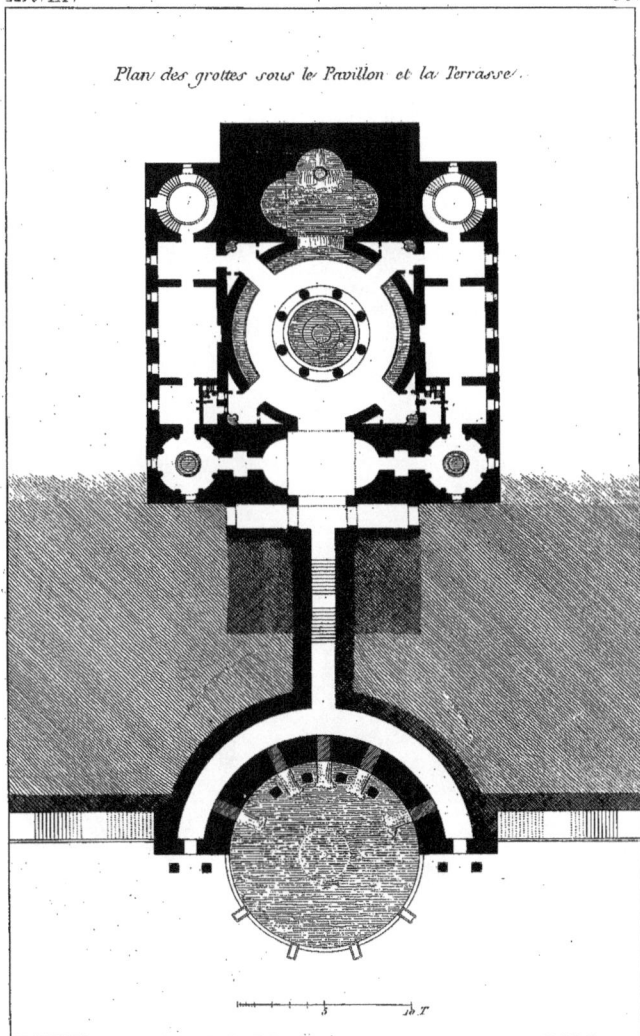

Plan du Pavillon.

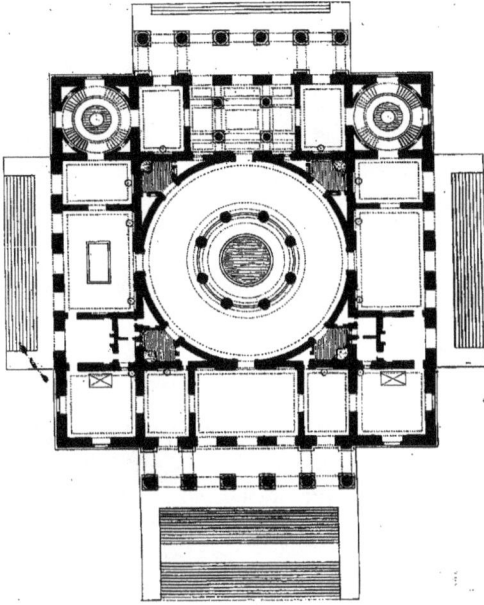

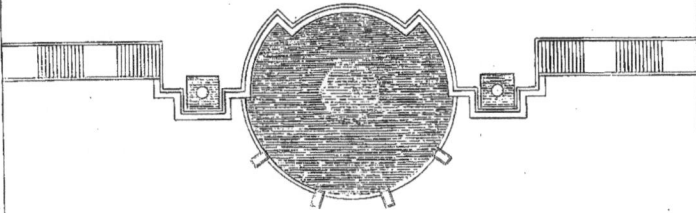

Plan des Combles en Terrasse.

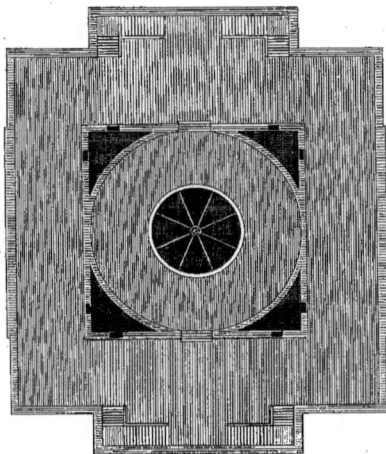

Tribune pour la Musique et logement de Service.

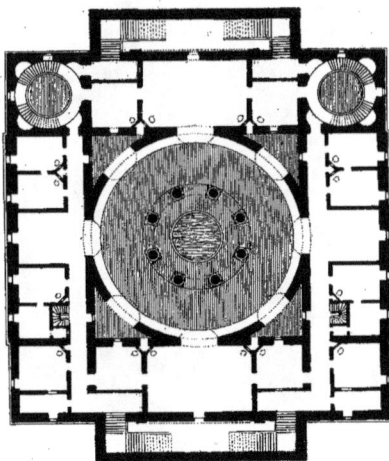

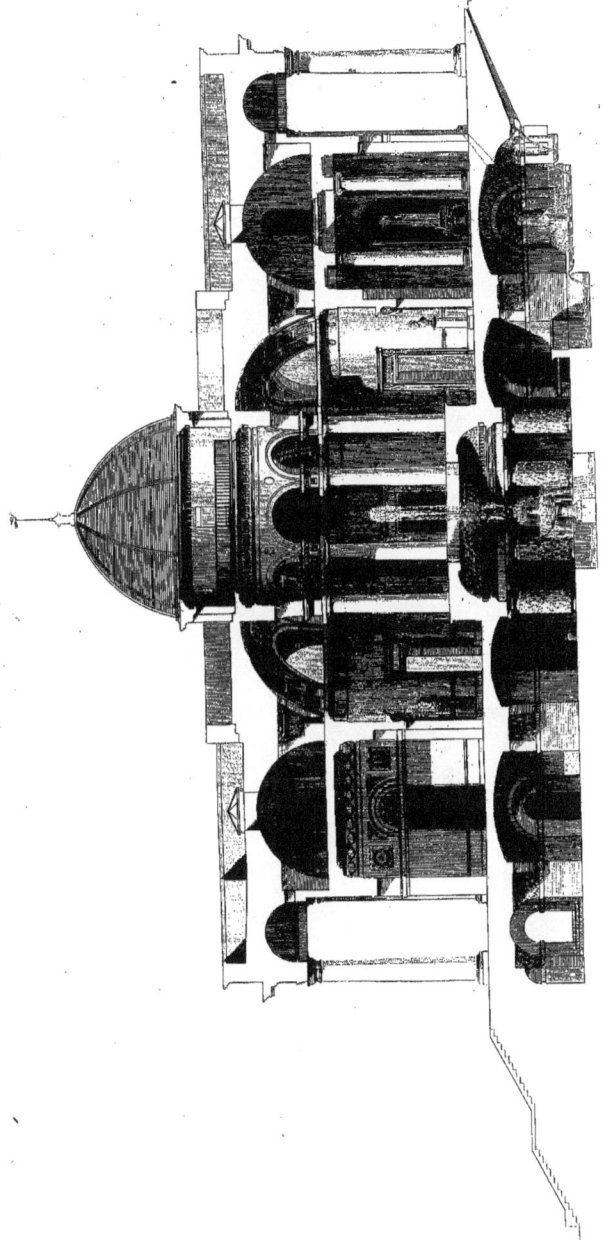

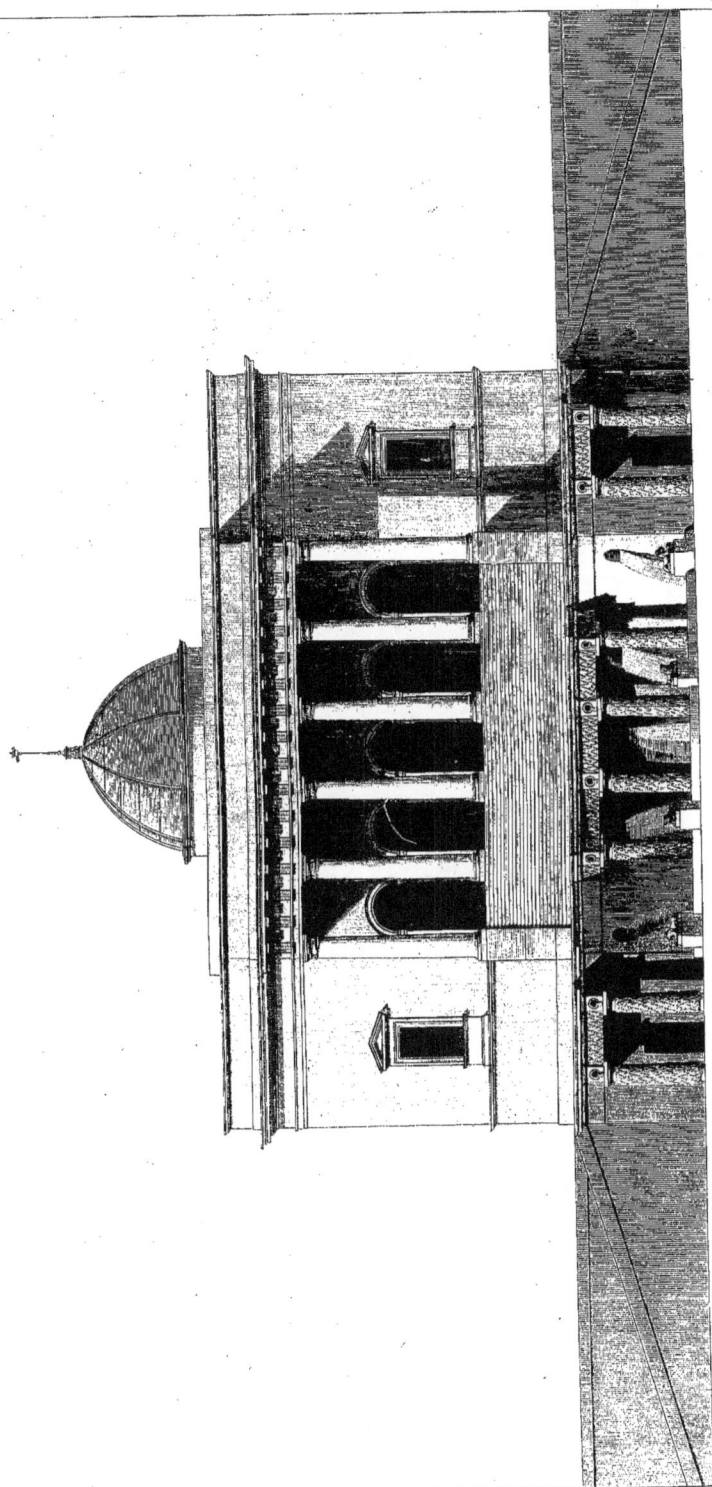

10 T.

1 2 3 4 6

Salle à manger du Chateau de Kerlich.

Plan de la partie peinte.   *Plan effectif.*

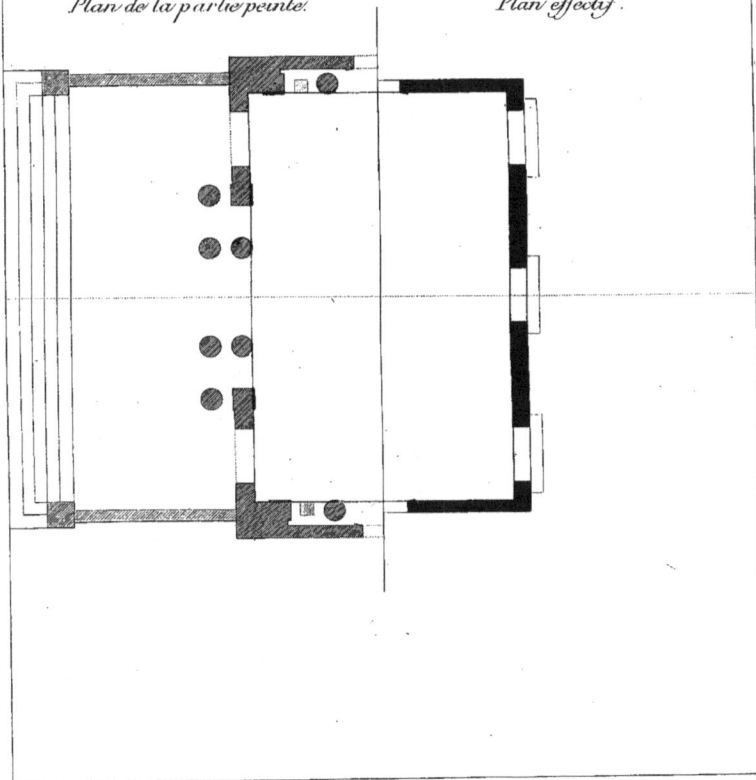

Décoration peinte de la Salle à manger du Chateau de Kerlich.

Plan du Jardin supposé.

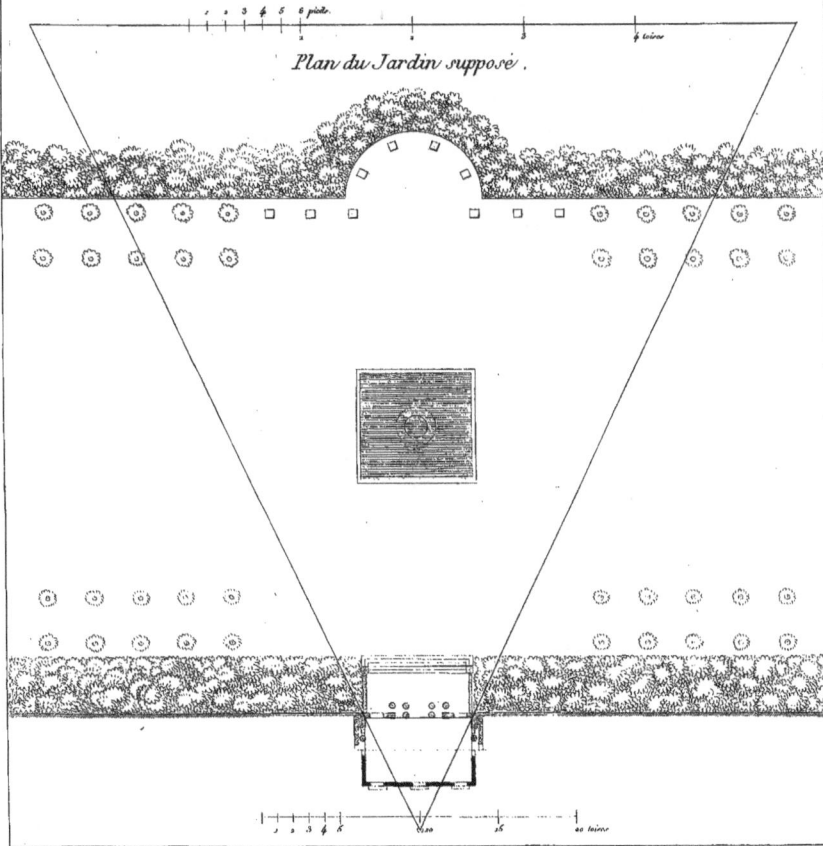

ARTICLE X.

Chapelle du château de l'Électeur de Cologne à Bonn.

Le prince Maximilien, archiduc d'Autriche, électeur de Cologne, me demanda, en 1786, les projets d'une chapelle qu'il voulait faire construire dans le château de sa résidence à Bonn. On exigeait dans le programme qu'il y eût des tribunes au plain-pied des appartements du premier étage, l'autel devait être à la hauteur de ces tribunes, et les musiciens placés de manière à n'être pas aperçus.

En entrant dans le vestibule un escalier de dix-huit marches menait à la porte de la chapelle, et l'on avait encore dix-huit marches à monter dans la chapelle même pour arriver à la hauteur du sanctuaire.

La tribune de la musique est pratiquée au-dessus de la voûte percée d'une grande ouverture, d'où les sons arrivent et paraissent, pour ainsi dire, descendre du ciel. Le plafond au-dessus de cette ouverture offre un concert d'anges ; ce plafond peint bien éclairé, et ces sons s'échappant du sommet de la voûte, eussent produit la double illusion de faire croire que les anges étaient animés, et que les sons mélodieux qui se faisaient entendre étaient ceux de leurs voix et de leurs instruments.

J'ai donné deux plans et deux coupes de ce projet.

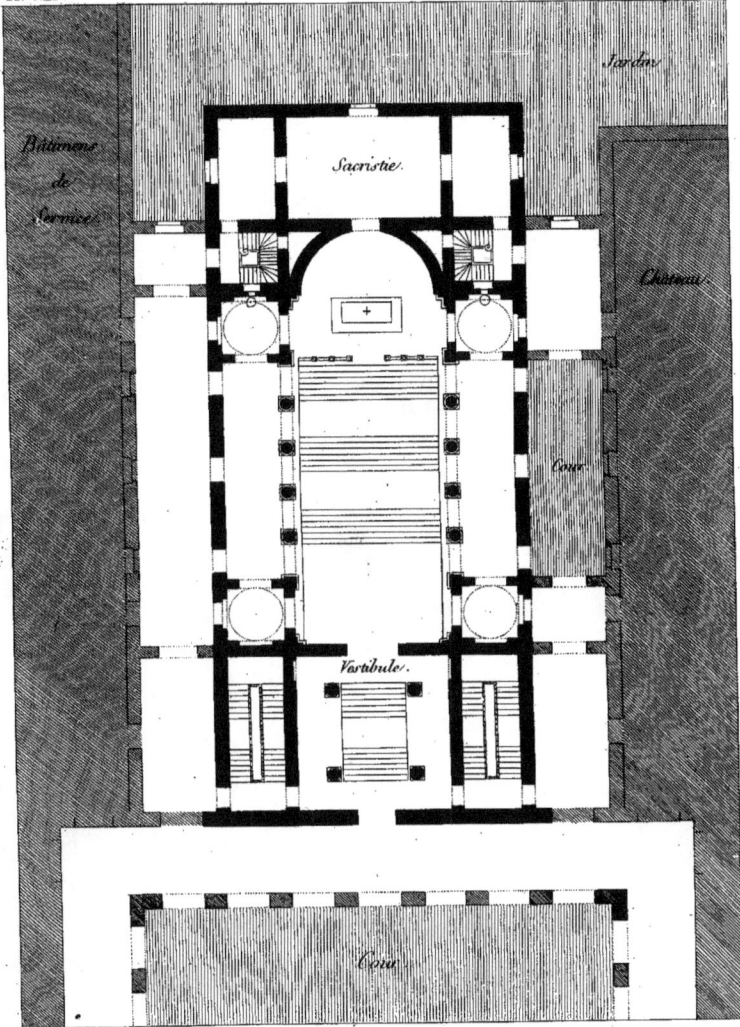

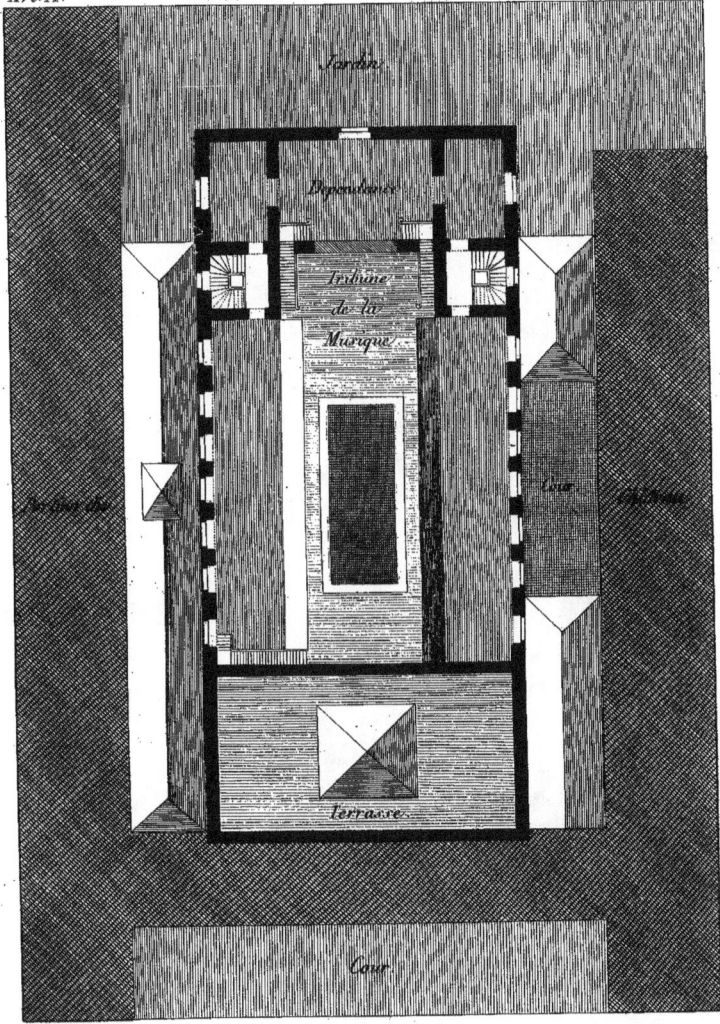

Jardin.

Dépendance.

Tribune
de la
Musique.

Cour.

Château.

Terrasse.

Cour.

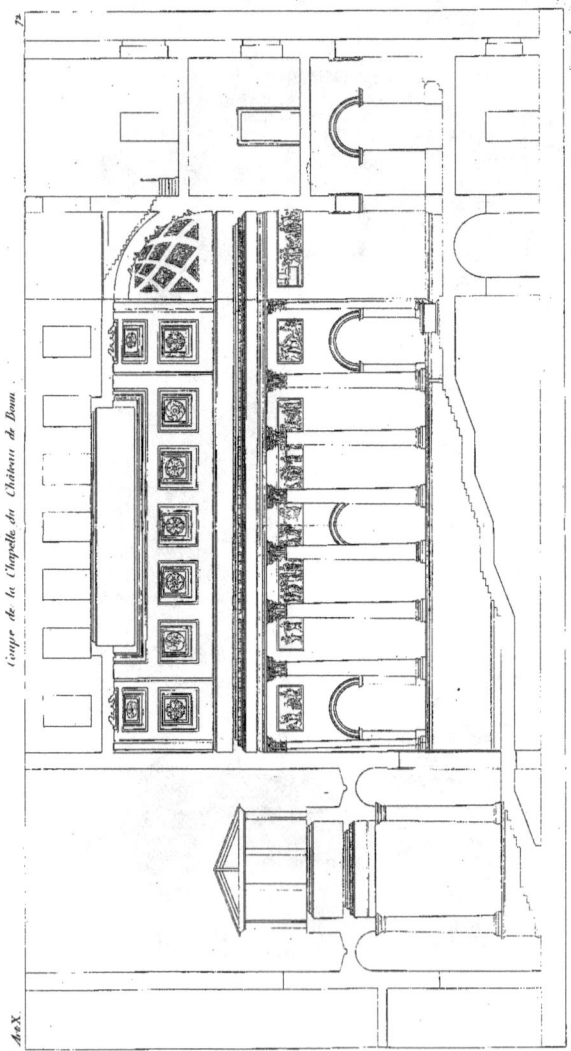

Coupe de la Chapelle du Château de Bonn.

ARTICLE XI.

Projet d'un amphithéâtre à Madrid.

L'EXERCICE de la lutte était, suivant les anciens, absolument nécessaire à l'éducation physique de l'homme ; aussi avaient-ils établi des écoles pour cet exercice.

Les Grecs accordaient la plus haute considération à ceux qui se signalaient dans la gymnastique ; c'était un honneur de descendre dans l'arène : Fénélon y fait combattre son héros dans l'île de Crête, où, sous l'égide de Minerve, il remporte tous les prix de la lutte, et refuse la couronne vacante, qui devait être la récompense du vainqueur. Les Romains prenaient un tel plaisir au spectacle des exercices de la lutte, qu'ils en éternisèrent la mémoire par le beau groupe des lutteurs dont la copie est dans le jardin des Tuileries, par l'admirable statue du gladiateur combattant, que l'on voit au Musée royal, et par celle du gladiateur mourant.

Ils érigèrent des amphithéâtres pour y exercer les jeux gymniques et y faire combattre des gladiateurs. Vespasien fit construire à Rome le plus vaste de ces amphithéâtres ; il fut appelé pour cette raison le *colosseo*, Colisée, ou plutôt à cause de la statue colossale de Néron, que Vespasien y avait fait transporter ; il contenait, au dire des historiens, quatre-vingt huit mille spectateurs ; on fut dix ans à le bâtir, et la dépense monta à dix millions d'écus romains, ce qui ferait cinquante millions de notre monnaie.

Il reste dans la même ville quelques vestiges d'un autre amphithéâtre, qui fut fait sous le règne d'Auguste, par Statilius Taurus, citoyen romain. Les historiens disent que cet édifice était entièrement en briques ; il y existait encore, en 1765, des chapiteaux corinthiens faits de cette matière.

Carlo Fontana, dans son ouvrage sur l'*Amfiteatro Flavio*, dit qu'il y a à Pouzzole, et près du fleuve Leri, des amphithéâtres construits en briques. (*Voyez* chap. XVI, page 33.)

Par-tout où les Romains érigeaient des monuments, ils faisaient usage des matériaux et des moyens de bâtir du pays ; à Sutria, près

8

de Rome, où l'on creusait des tombeaux dans le roc, ils y taillèrent un amphithéâtre.

Les Romains avaient construit de ces édifices dans une grande partie des pays dont ils s'étaient rendus maîtres. La ville de Vérone renferme les restes d'un amphithéâtre qui contenait vingt-cinq mille spectateurs : on trouve aussi près de Trèves quelques vestiges d'un amphithéâtre fait par Constantin, pendant son séjour dans cette ville : Antonin fit construire celui de Nîmes, dont il était originaire ; il reste encore beaucoup de parties entières de cet édifice, dont M. Clerisseau, architecte, a publié les plans et tous les détails.

Le prince Pignatelli me proposa, en 1770, de faire le projet d'un amphithéâtre pour Madrid, où l'on réunirait aux exercices gymnastiques ceux de la lutte, les combats de gladiateurs, et tous les amusements en usage en Espagne, en Angleterre, et en France.

Dans le projet de cet amphithéâtre, je me servis de la forme et des dimensions de celui de Vérone ; il devait contenir également vingt-cinq mille spectateurs, et je pratiquai au sommet des gradins une colonnade qui faisait le tour de l'édifice.

Je donne sept planches de plans, d'élévations, de profils et de développements de cet amphithéâtre.

DESCRIPTION DES PLANS.

PREMIÈRE PLANCHE.

Plan général divisé en quatre parties où sont distribués les plans de tous les étages.

L'arène A est commune aux quatre plans.

B PREMIER PLAN.

Plain-pied de l'arène et du sol extérieur pratiqué dans la hauteur du soubassement.

a. Passage pratiqué sous le perron des entrées principales.
b. Entrées particulières qui conduisent au plain-pied du premier étage.
c. Passages des animaux pour aller à leur loge et à l'arène.

OEUVRES D'ARCHITECTURE.

d. Vestibules.

e. Grands escaliers.

f. Escaliers de service.

g. Corps-de-garde.

h. Cuisines et laboratoires.

i. Loges des animaux.

k. Corridors avec escaliers de communication.

l. Vomitoires.

C DEUXIÈME PLAN.

Premier étage au plain-pied des colonnades extérieures.

a. Péristyle.

b. Grands vestibules.

c. Escalier principal.

d. Escalier de service.

e. Corridor qui fait le tour de l'amphithéâtre.

f. Salles d'exercice.

g. Cafés et restaurateurs; il y aurait au-dessus des entre-sols pour le service de ces établissements.

h. Portiques en colonnes.

D TROISIÈME PLAN.

Bel étage.

a. Vestibule.

b. Grands escaliers.

c. Escaliers de service.

d. Corridor qui règne au pourtour de l'amphithéâtre.

e. Salles d'assemblées, de festins et de danse.

f. Salle de service avec entre-sol au-dessus.

E QUATRIÈME PLAN.

De la colonnade intérieure et de l'ensemble de l'édifice.

a. Gradins.

b. Portique orné de colonnes qui règne autour de l'amphithéâtre.

c. Murs d'enceinte.

d. Terrasses au-dessus de la colonnade extérieure.

e. Escaliers de service.

SECONDE PLANCHE.

Plan de l'amphithéâtre vu en dessus, divisé en deux parties.

F PREMIÈRE PARTIE.

Plan des gradins.

a. Gradins.

b. Terrasse sur la colonnade intérieure.

c. Mur d'enceinte.

d. Terrasse sur la colonnade extérieure.

e. Escalier de service.

f. Cabestans qui servent à élever et à tendre la banne.

g. Autres cabestans qui servent à roidir les cordages.

G SECONDE PARTIE.

Plan de la banne.

1. Corde qui prend la forme elliptique de l'arène lorsque la toile est tendue.

2, 3. Vingt-quatre cordages qui servent à enlever la banne et à l'arrêter sur les cabestans.

4, 5. Soixante-douze cordages qui servent à roidir cette toile lorsqu'elle est déja tendue; ils seraient attachés à des crochets sur le mur d'enceinte.

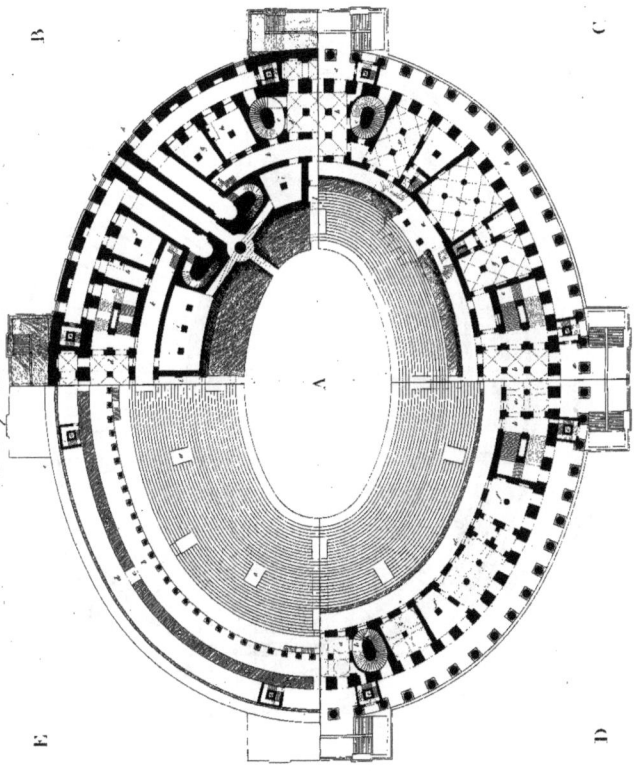

Amphithéâtre

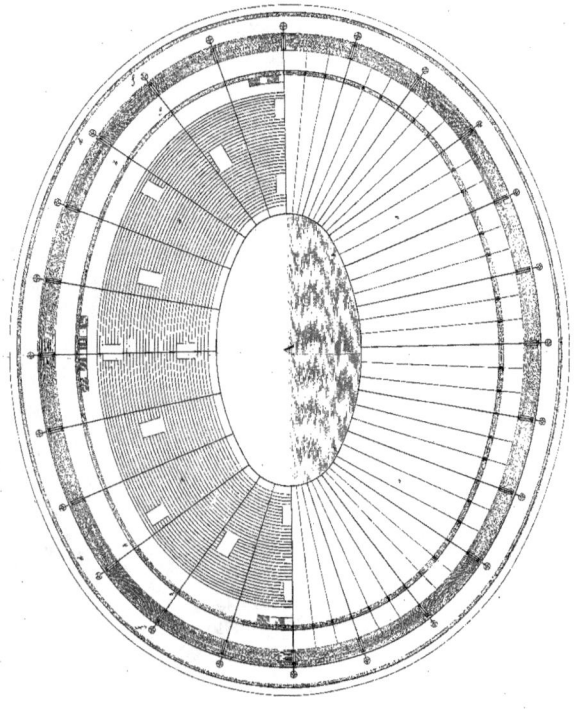

Plan des Gradins et de la Bruine.

F

G

Pl. XI.   Coupe de l'Amphithéâtre.   76

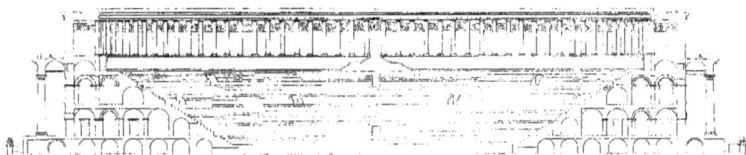

Élévation de l'Amphithéâtre.

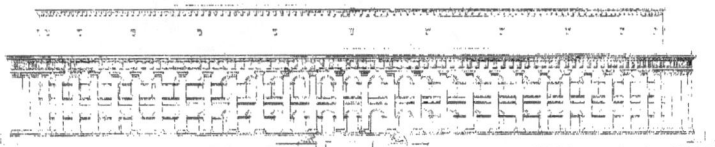

Détails de l'Amphithéâtre.

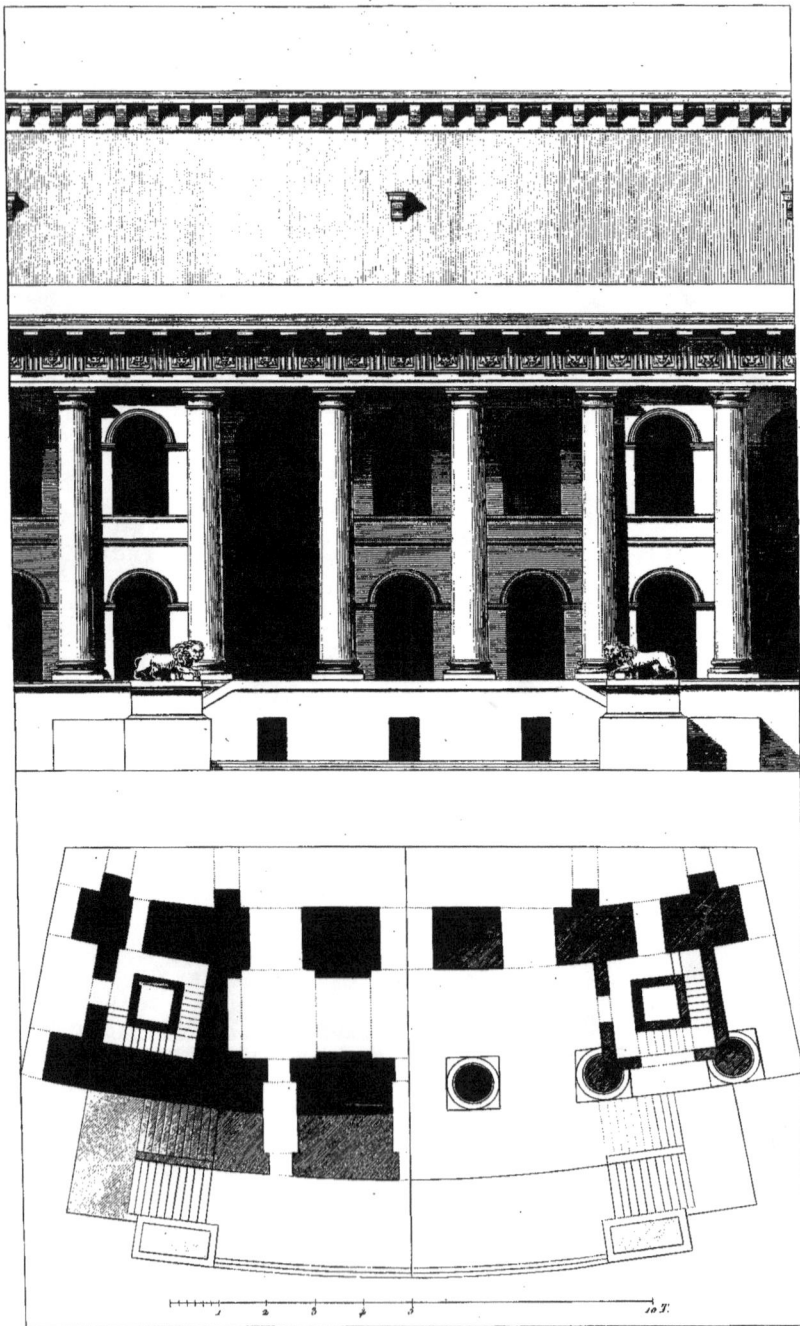

Entablement.

Corniche de l'Attique.

Portique des Entrées.

12 P.

www.ingramcontent.com/pod-product-compliance
Lightning Source LLC
Chambersburg PA
CBHW072054080426
42733CB00010B/2124